慧玩促成长

在行动中提升幼儿逻辑思维水平的研究

张丽萍 主编

图书在版编目（CIP）数据

慧玩促成长 ：在行动中提升幼儿逻辑思维水平的研究 / 张丽萍主编 .— 上海 ：上海社会科学院出版社，2023

ISBN 978-7-5520-4113-2

Ⅰ.①慧… Ⅱ.①张… Ⅲ.①智力游戏—学前教育—教学参考资料 Ⅳ.①G613.7

中国国家版本馆CIP数据核字（2023）第065176号

慧玩促成长

——在行动中提升幼儿逻辑思维水平的研究

主　　编：张丽萍
责任编辑：路　晓
封面设计：徐　蓉
出版发行：上海社会科学院出版社
上海顺昌路622号　邮编200025
电话总机021-63315947　销售热线021-53063735
http: //www. sassp. cn　E-mail: sassp@sassp. cn
照　　排：南京展望文化发展有限公司
印　　刷：上海盛通时代印刷有限公司
开　　本：787毫米×1092毫米　1/16
印　　张：13
字　　数：272千
版　　次：2023年8月第1版　　2023年8月第1次印刷

ISBN 978-7-5520-4113-2 / G · 1252　　定价：128.00元

金山区同凯幼儿园地处美丽的杭州湾畔，创建于2015年。园所在“幼儿发展优先”的理念引领下，相信每一个幼儿都是积极主动、有能力的学习者，关注智慧，培育智慧，将幼儿逻辑思维水平的提升作为幼儿园课程实施过程中的重要内容。2017年，同凯幼儿园确立了龙头课题“在行动中提升幼儿逻辑思维水平的研究”，借助课题研究的开展和推进，不断在实践中探索和研究。当我拿到《慧玩促成长——在行动中提升幼儿逻辑思维水平的研究》一书的书稿时，感受到了同凯幼儿园教师们在课程建设中孜孜不倦的探寻精神和不断追求课程改革的专业精神。

本书记录和总结了同凯幼儿园在幼儿逻辑思维活动实践研究中的摸索和经验，形成了“行”中结“硕果”的教师经验论文、“案”中结“实例”的幼儿活动案例、“悟”中讲“故事”的幼儿教育故事，特别是收集和创生了大量的幼儿逻辑思维游戏活动。这些活动有小、中、大不同年龄段的游戏内容，也有幼儿园游戏和亲子游戏的不同组织形式，体现了在“课程游戏化”理念下促进幼儿智慧的成长与发展的教育教学观。我相信，幼儿园的教师们可以从这本书中受到启迪和引发思考。在我把此书推荐给大家的同时，也衷心祝愿同凯幼儿园在今后的课程改革和教育教学研究中跨出更大的步伐，获得更好的成绩。

陈青
上海市特级教师、正高级教师
静安区南阳实验幼儿园原副园长

目 录

CONTENTS

第二辑 “案”中结“实例”

第三辑 “悟”中讲“故事”

第四辑 “活”中显“灵动”

第一辑

“行”中结“硕果”

“行”中结“硕果”，重点在于“行”。行动研究的主体既是开展研究的教师，也是不断发展的幼儿。在“行”中教师融合智慧与能力，设计提升幼儿思维水平的各项活动；在“行”中幼儿通过玩中思、玩中学拓展思维、发展智慧。课题“在行动中提升幼儿逻辑思维水平的研究”凸显了幼儿逻辑思维培养的意义与价值，明确提升幼儿逻辑思维水平的目标与内容，揭示提升幼儿逻辑思维水平的原则，在“行”中结出逻辑思维理论研究及实践探索的累累硕果。

1 在行动中提升幼儿逻辑思维水平的研究

根据维果茨基的“最近发展区”理论，《3—6岁儿童学习与发展指南》的目标要求，更基于幼儿发展的需要，“以教师为行动”研究者，在教育教学中通过一定的方法和路径，培养幼儿对问题或学习材料的观察、比较、分析、综合、抽象和概括的能力，提升幼儿对事物间的类、关系、推理、空间、数、量等概念的认知水平。

一、研究缘起

（一）缘于金山区幼儿园大班幼儿综合素养调研的结果

金山区教育学院学前教研室在2014学年对全区幼儿园的大班幼儿进行了发展情况调研，通过抽样调研，了解金山区幼儿园大班幼儿综合素养（健康、语言、认知、艺术、社会）学习与发展的现状。

大班幼儿语言领域的素养调研内容包括三个方面，即倾听能力、理解表达与前书写。这三个方面素养达到“好”等级的幼儿占比分别为62.2%、49.8%和67.4%；达到“较好”等级的幼儿占比分别为31%、42.7%和26.1%；而在这三个方面需要“加油”的幼儿占比为6.8%、7.5%和6.5%。

大班幼儿科学领域素养调研内容包括空间关系和逻辑思维两个方面。在这两方面都能达到“好”等级的幼儿占比分别为46.2%和41.7%，达到“较好”水平的幼儿占比分别为41.3%和33%，需要“加油”的幼儿占比分别为12.5%和25.3%。

大班幼儿社会领域素养调研内容包括行为规范和交往能力两个方面。行为规范和交往能力两个方面都为“好”的幼儿占比分别为76%和77%，“较好”的幼儿占比分别为21.6%和18.9%，需要“加油”的幼儿占比分别为2.4%和4.1%。

大班幼儿健康领域素养调研内容包括生活整理和精细动作两个方面。生活整理方面“好”的幼儿占比为90.0%，“较好”的幼儿占比为8.4%，需要“加油”的幼儿占比为1.6%；精细动作方面“好”的幼儿占比为68.1%，“较好”的幼儿占比为27%，需要“加油”的幼儿占比为4.9%。

在调研过程中我们发现，幼儿在逻辑思维和空间关系的表征上相对其他领域的发展来看比较欠缺，有41.7%和46.2%的幼儿显示总体是好的，而有12.5%和25.3%的幼儿空间关系和逻辑思维比较薄弱。

我园于2015年建园，在对金山区大班幼儿综合素养调研结果充分了解的基础上，我们发现在幼儿逻辑思维水平方面有非常大的提升空间，故我园将“提升幼儿逻辑思维水平”作为研究重点。

（二）缘于维果茨基“最近发展区”理论

维果茨基的儿童“最近发展区”发展理论认为，“任何教学都存在着最佳的亦即最有利的期间”，而儿童3—4岁时智力发育很快，虽然他们的思维仍然以具体形象为主导，但是初步的逻辑思维也开始萌芽，能掌握一些抽象的概念，能按照较高级概念进行分类，初步理解数概念，能对事物做出简单的因果判断。因此，根据维果斯基的教育理论“应帮助处于形象思维阶段的儿童进行概念系统化，促进其思维向抽象逻辑方向转化”，对3—6岁幼儿开展提升逻辑思维水平的活动有其可行性和必要性。

（三）缘于《3—6岁儿童学习与发展指南》的目标要求

《3—6岁儿童学习与发展指南》中科学领域提出：幼儿的科学学习是在探究具体事物和解决实际问题中，尝试发现事物间的异同和联系的过程。幼儿在对自然事物的探究和运用数学解决实际生活问题的过程中，不仅获得丰富的感性经验，充分发展形象思维，而且初步尝试归类、排序、判断、推理，逐步发展逻辑思维能力，为其他领域的深入学习奠定基础。《3—6岁儿童学习与发展指南》也指出：成人要善于发现和保护幼儿的好奇心，充分利用自然和实际生活机会，引导幼儿通过观察、比较、操作、实验等方法，学习发现问题、分析问题和解决问题；帮助幼儿不断积累经验，并运用于新的学习活动，形成受益终身的学习态度和能力。

《3—6岁儿童学习与发展指南》的目标要求凸显了发展幼儿的逻辑思维水平不仅是幼儿认识事物、感知世界的过程与需求，还为促进其他领域的互动发展起到重要的推进作用。

二、研究视域

以“逻辑思维”为关键词，在中国知网进行检索，笔者发现在高等教育和初等教育中关于逻辑思维的研究比较多，而对于幼儿逻辑思维方面的研究不多。以“幼儿逻辑思维”和“儿童逻辑思维”为关键词进行检索，笔者发现相关文章并不多。现将具体情况综述如下。

（一）提升幼儿逻辑思维水平的方法

刘彤、翟洪娥（2005）认为，数学思维能力总的发展趋势是能够把越来越多的元素同时建构到一种关系中，这一点在美国幼儿园的棋盘游戏中表现得非常明显。他们在文章里阐述了美国幼儿园是如何运用棋盘游戏引导幼儿进行积极推理，进而培养幼儿的逻辑思维能力的。[1]

陈琳（2013）提到，可以提供一些实用性的教学手段，来培养幼儿的逻辑思维水平，如操作法、游戏法、比较法等。[2]

雷晓玲（2014）提出，培养学前儿童逻辑思维能力要遵循学前儿童的年龄及心理特征，抓住其思维特点从外到内，借助多样化的经验和体验，提高动作与思维的协作，主要采用以下方法：坚持操作为主，由浅入深；以生活为情景，游戏活动激发兴趣；家园互动，增加学习范围；重视个体差异性。[3]

钱琳（2015）认为，培养幼儿逻辑思维能力前，需对幼儿的认知结构进行分析，在培养幼儿数学逻辑思维能力时要注意方法：首先创设数学学习环境，激发幼儿学习兴趣；其次以操作技能为主，发现并感受数学魅力；让数学知识走进生活，强化逻辑思维能力。[4]

（二）提升幼儿逻辑思维水平的路径

吴迪、王利（2012）分析了幼儿认知结构的一些特点，然后分析了数形结合逻辑思维培养的途径，最后提出了数形结合逻辑思维教学改革思路，以便能够更好地开展幼儿数学教育，培养幼儿逻辑思维能力。[5]

王丛岩（2006）阐述了蒙氏教育中数学逻辑思维能力的培养途径，通过创设环境、动手操作、多种游戏训练等，让幼儿在实际操作中发现并体会身边“数”的存在，不仅使幼儿学会很多具体的数学知识，更重要的是使幼儿从小养成喜欢数学、不怕数学的习性，为幼儿上小学奠定数学基础。[6]

雷晓玲（2014）提出了几种幼儿逻辑思维培养的路径：（1）专门逻辑思维能力教育。教育者必须了解学前儿童逻辑思维发展的内在与外在规律，以逻辑教育为核心的科学教育为重要平台，让学前儿童逻辑思维能力在科学认知中获得初步的但又是契合其特点的系统培养。（2）渗透的逻辑思维能力教育（感性审美）。逻辑思维能力教育的训练与培养不应只是单独的存在，它可以通过音乐、美术、健康、语言、社会等领域教育以及幼儿园一日活动进行渗透教育，同时可进行多学科整合教育，于整合教育中渗透逻辑思维能力培养。（3）游戏活动的逻辑思维能力教育。无论是游戏模仿还是象征假设，均

---

[1] 刘彤，翟洪娥.亲历美国幼儿教育（之十一）利用棋盘游戏培养幼儿逻辑数学思维能力［J］.早期教育，2005（09）：20-22.

[2] 陈琳.浅谈幼儿数学教学中逻辑思维的培养［J］.宿州教育学院学报，2013，16（01）：175-176.

[3] 雷晓玲.学前儿童逻辑思维能力培养之浅见［J］.四川职业技术学院学报，2014，24（03）：119-122.

[4] 钱琳.走进幼儿数学教育　关注幼儿逻辑思维培养［J］.科普童话，2015（25）：11.

[5] 吴迪，王利.幼儿数形结合的逻辑思维培养与教学研究［J］.全国商情（理论研究），2012（21）：74-75.

[6] 王丛岩.在蒙氏教育中发展幼儿数学逻辑思维能力［J］.现代教育科学，2006（04）：68-69.

是学前儿童向规则游戏期发展的重要和关键的准备。因此，活动和游戏是实施学前儿童逻辑能力教育的有效形式和路径。[1]

陈琳（2013）提到了在数学教学中培养幼儿的逻辑思维能力的几种路径：（1）创设良好的学习环境，激发幼儿对学习数学的兴趣，为逻辑思维的萌芽提供环境基础。（2）提供实用性的教学手段，帮助幼儿发现数学、感受数学，为逻辑思维的发展提供物质基础。（3）运用逻辑思维解决数学的问题，强化思维的全面运用。[2]

韦永慧（2006）提到，凯米和德弗瑞斯把皮亚杰理论演绎到幼儿的早期教育中，设计了一套数学教育方案，认为在教室中有两类活动可以刺激幼儿数思维，一类是运用日常生活情境开展的活动，另一类是集体游戏。凯米认为，数字本身是纯数理逻辑，即使是使用在表达物体的数量方面，因为数字不是一个物体的一部分，而是人对物体以数的关系来组织。在玩纸牌活动中，幼儿就使用到数字。例如，利用纸牌进行比大小的活动中，教师就要鼓励幼儿念出牌面上的数字并比较彼此数字的大小。凯米认为，幼儿头脑中的数概念不是来自书本或者教师的解释，而是来自当幼儿对其生活的现实进行逻辑数理化时的思维，是在逻辑数理经验的基础上通过反省抽象而建构的，是从每个幼儿对其现实的逻辑数理化的思维中来的。由此可以看出，在日常的生活和游戏中，我们可以锻炼幼儿的逻辑思维能力。[3]

李楠（2016）在开展大班语言领域故事《晴朗的一天》活动中，基于不同发展目标开展两次活动，幼儿在第一次活动中以理解故事内容为主并结合角色卡片进行简单复述，第二次活动中幼儿通过推理进行思考并理清角色、物品之间的逻辑关系，结合推理尝试进行合理推测的续编。李楠认为，利用文学作品引导幼儿仔细观察、结合作品内容联想等活动，能有效支持幼儿逻辑思维能力的发展与提升。[4]

（三）提升幼儿逻辑思维水平的学具

通过中国知网、百度等网上检索，查阅国内外有关资料，咨询姐妹园和幼教专家等途径，研究者发现很多幼儿园运用“逻辑狗”思维训练学具，以及一些儿童逻辑思维训练的课程、教材、图书等。

1. 来自国外“逻辑狗”思维训练的智能学具启示

通过检索发现“逻辑狗”的思维训练学具在我国深受欢迎。有三位教师在其文章中阐述了“逻辑狗”思维训练智能学具的重要性和在幼儿逻辑思维训练中的运用。具体

---

[1] 雷晓玲.学前儿童逻辑思维能力培养之浅见［J］.四川职业技术学院学报，2014，24（03）：119-122.
[2] 陈琳.浅谈幼儿数学教学中逻辑思维的培养［J］.宿州教育学院学报，2013，16（01）：175-176.
[3] 韦永慧.运用日常生活情境开展活动刺激幼儿数思维［D］.上海：华东师范大学，2006：16-19.
[4] 李楠.语言活动中幼儿逻辑思维能力的培养［J］.学前教育，2016（06）：56-57.

文献有李娜的《"逻辑狗"思维训练在学前教育发展中的作用》、侯玉洁的《浅谈"逻辑狗"思维训练在幼儿园教育教学中的应用》、白慧莲的《深入开发逻辑狗课程潜能，促进师幼共同发展》。"逻辑狗"原名LOGICO，是来自德国的一种思维升级的系统训练学具。通过智力魔板与学习卡片相结合的方式，来整合以前所有的出版物。它以促进孩子的个性化发展为前提，通过运动和游戏相结合的方式，使幼儿在快乐的游戏中得到智力的开发和思维能力、学习能力的培养。逻辑狗学具在实际应用中已被证实能够以其图文并茂的视觉效果、有趣的操作方式、系统的训练内容、自我检测功能给幼儿在自主活动中提供了一个促进智力思维发展的良好途径。经我国多位著名的学前教育专家的鉴定与推荐，并由专门从事早期教育的教师，根据不同年龄段儿童的生理、心理发展的特点，对这套产品中生活习惯、行为方式等内容进行了本土化整理。

2. 来自国内学前教育专家自主品牌"玩中学"的启示

由华东师范大学学前教育专家领衔成立以"玩中学"提升幼儿核心经验的研究课题组，该课题组根据《幼儿园教育纲要（试行）》和《3—6岁儿童学习与发展指南》研发出"玩中学"幼儿自主操作游戏教具及课程体系，是目前国内技术含量顶尖、内容全面、编排科学、设计精致、符合学前儿童的认知和心理发展规律的幼儿专用操作体系。它专门为3至6岁幼儿设计了丰富有趣的自主操作游戏，采用幼儿喜闻乐见的游戏方式，把游戏与学知识有机结合在一起，使幼儿在玩中渗透学、学中升华玩。打造适合中国学前儿童身心发展规律，培养幼儿良好习惯，提高幼儿动手、动脑能力的自主品牌"玩中学"幼儿自主操作游戏课程教具。

（四）研究述评

1. 在研究视角方面

国内外学者研究幼儿逻辑思维主要从教育学、心理学角度进行，认为学龄前幼儿的心理认知发展分为感知运动阶段、前运算阶段、具体运算阶段和形式运算阶段，而相对应的幼儿逻辑思维能力则分为动作逻辑阶段、表象思维阶段、拥有逻辑运算能力，但不能扩展到抽象概念的阶段、能进行系统的逻辑运算阶段。学者们一致认为，对幼儿逻辑思维的培养必须建立在对幼儿思维发展四个阶段的充分了解上，注重对学前儿童进行逻辑思维培养的科学性，在尊重幼儿心理发展规律的基础上，实施切实有效的方针策略，旨在发展幼儿的终身学习能力。

2. 在研究内容方面

研究者在研究内容方面有着较为完整的结构。如在研究如何有效提升幼儿的逻辑思维水平方面，研究者们均从幼儿现有认知水平入手，分析运用幼儿实际操作、亲手体验等方式方法提升幼儿的逻辑思维水平，研究者们的观点基本趋于一致。在研究"提升幼儿逻辑思维水平的路径"时，研究者们多数是从创设环境、游戏体验、刺激思维等角度来论述的。他们还研究了有效提升幼儿逻辑思维水平的学具材料等。可见，研究内容全面完整，较有系统性。

3. 在研究方法方面

（1）重实证研究，轻质性研究。从上述研究综述来看，多数研究者使用的研究方法为故事研究法、访谈法、观察法、问卷调查法等，这些都属于实证研究的范畴。但是研究者们并没有对研究对象进行深入的整体性研究，没有从与幼儿的互动过程中，对幼儿的行为和意义建构而获得解释性理解。

（2）现有的研究多集中在同年龄阶段幼儿的横向研究，而缺乏对幼儿随年龄增长的纵向追踪研究。究其原因，一是追踪研究需要大量的人力、物力投入，成本较大，二是追踪研究涉及自然成熟因素的干扰而导致研究结果受影响。

本研究在分析本园幼儿逻辑思维水平现状的基础上，积极探索和提炼提升幼儿逻辑思维水平的内容、方法和路径，形成具有实践意义的逻辑思维训练课程体系，进而促进幼儿逻辑思维水平的提高。此外，我们考虑到幼儿自然成熟的因素对研究带来的影响，对参加课题研究的幼儿进行逻辑思维水平测评，并与同级别幼儿园的幼儿做参照对比，力求将自然成熟导致的影响降到最低。

三、研究概述

（一）关键概念

1. 行动

本研究中的“行动”是指教师作为研究行动者，在教育教学实践行动中研究提升幼儿逻辑思维水平的方法和路径。行动研究是一种自我反思的方式，教师通过行动研究作出理性反思，旨在提升对自己教学实践的理解，增强自身教育行为的合理性和正当性。

2. 逻辑思维

本研究中的“逻辑思维”是指人们在认识事物的过程中，借助分析、综合、概括、判断、推理等反映现实情况的思维方式，是人们从感性认识逐渐向理性认识转变的过程。

3. 幼儿逻辑思维水平

本研究中将“幼儿逻辑思维水平”界定为：幼儿对问题或学习材料进行观察、比较、分析、综合、抽象与概括的水平；幼儿对事物间的类、关系、推理、空间、数和量等概念的认知水平。

（二）研究目标

在分析幼儿逻辑思维水平现状的基础上，探索提升幼儿逻辑思维水平的行动原则、内容、活动实施的方法和路径、环境创设等，形成具有操作意义的幼儿逻辑思维经验和活动方案，从而有效促进幼儿逻辑思维水平的提升。

（三）研究内容

1. 提升幼儿逻辑思维水平的行动原则

2. 提升幼儿逻辑思维水平的活动内容

（1）集体活动中提高幼儿逻辑思维水平内容。

（2）个别化学习中提高幼儿逻辑水平内容。

（3）日常活动中提高幼儿逻辑思维水平内容。

3. 提升幼儿逻辑思维水平的行动策略

（1）材料操作：添置大量的玩具、学习材料，让幼儿通过肢体动作理解和学习事物的逻辑，引导幼儿探索发现逻辑关系，逐步培养逻辑思维能力。

（2）趣味游戏：充分激发幼儿活动的兴趣，鉴于幼儿喜欢游戏，通过设计民间游戏、智力游戏等活动，运用简单的游戏提升幼儿的逻辑思维水平。

（3）领域渗透：幼儿园的一日活动即课程，所以在各类课程内容中，比如运动活动、游戏活动中，都可以有机渗透逻辑思维能力的培养。

（4）生活情境：在幼儿的生活中，有很多的生活情境可以培养逻辑思维水平，如学会整理与收纳，让幼儿把自己的玩具收拾好，数一件，放一件，即让幼儿养成好习惯，从而培养孩子的逻辑能力。

（5）家园共育：在家庭生活中家长可以利用与幼儿之间的互动，开展思维游戏活动，在带幼儿外出游玩的过程中发展幼儿的思维能力。

4. 提升幼儿逻辑思维水平的行动路径

（1）专门的学习活动

幼儿园根据幼儿逻辑思维的发展特点，制订相应的学习计划，在学习活动中组织幼儿逻辑思维活动。

① 集体学习活动：每周开展一次逻辑思维集体学习活动，活动内容可以来自学习教材，也可以根据《3—6岁儿童学习与发展指南》规定的学习目标设计集体教学活动。

② 个别化学习活动：在幼儿每天的个别化学习活动中，设置专门的思维活动区域，提供不同的活动材料，幼儿通过材料的摆弄来进行思维练习。

（2）随机的渗透活动

在幼儿园的课程内容中，除了学习活动，另外的课程内容中也可有机地渗透培养幼儿逻辑思维水平的活动。

① 游戏活动：游戏活动中幼儿通过动手操作进行发现、创造和想象，同时也可以习得规则意识等。

② 生活活动：让幼儿在真实的生活情境中，在形成健康的生活习惯的同时，了解

生活中的规则，认知和发现不同的生活物品等。

③ 运动活动：在幼儿园的运动活动中，通过与运动材料的互动，让幼儿发展材料与自身运动发展之间的规律，在教师有意识设计的运动集体游戏中，发现规律和规则等逻辑思维能力。

（3）亲子的游戏活动

亲子活动是促进幼儿全面发展的重要载体，让家长参与幼儿园的逻辑思维活动，有助于促进幼儿智力的发展。

亲子游戏：在园内组织亲子思维课程体验活动，在不同的班级设置不同的活动内容，家长带着幼儿以游园活动的形式，自主参加活动。

思维游戏栏：在家园联系栏中，教师提供各类思维游戏活动方案，家长在家和幼儿玩思维小游戏。

5. 提升幼儿逻辑思维水平的物质环境

6. 提升幼儿逻辑思维水平的指标要素

（四）研究过程与方法

具体内容如图1所示。

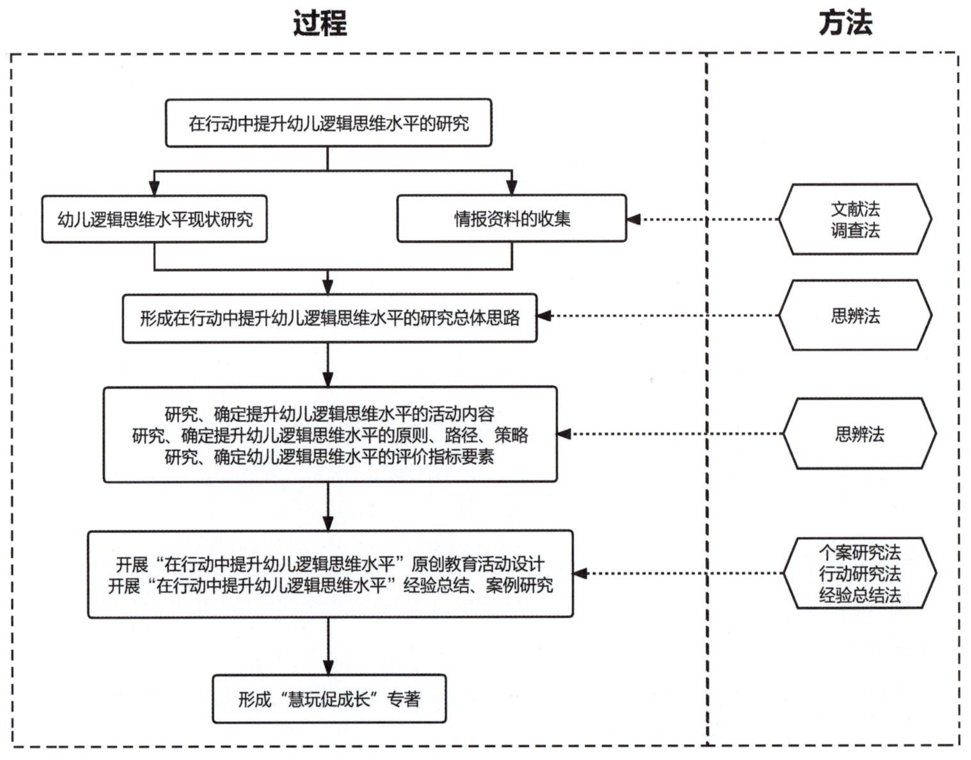

图1　研究过程和研究方法图

四、研究结果

（一）确立了行动中提升幼儿逻辑思维水平的原则

幼儿的逻辑思维培养应该遵循幼儿思维发展的特点，根据幼儿的逻辑思维发展的个性差异等，教师实施有针对性的引导，创造性地组织开展活动，应遵循以下原则。

1. 整合性与差异性兼顾

以整合的理念进行幼儿逻辑思维的培养，课程的整合、领域的整合。幼儿园的一日活动即课程的理念下，各类课程中都可以有机渗透逻辑思维能力的培养。但是在关注整合性的同时，在幼儿逻辑思维发展的目标上要进行分解，每一个发展项目有不同的发展目标，能显示幼儿的不同发展情况。比如不同年龄段的幼儿对于“分类”概念的理解程度是不同的，小班的幼儿对于直观性强的物体有较强的分类意识，中班的幼儿逐渐脱离直观，慢慢向更复杂的属性发展，如可以根据质量、属性、用途等进行分类，大班幼儿则向抽象思维发展。所以我们将分类概念整合在一日生活中，不仅包括日常收纳整理，也包括集体教学以及个别化学习活动，按照不同年龄段的特点，我们设计了图形、颜色、大小等直观性强的标签给小班的幼儿，设计了图形叠加、颜色叠加等标签给中班的幼儿，设计了模式、用途、图形与颜色双重叠加等更高一级的标签给大班的幼儿。不同年龄段的幼儿在逻辑思维发展中处于不同的水平，而且可能同一年龄段的幼儿也有不同的水平差异，教师能按照不同的发展目标观察幼儿的发展，并能作相应的记录和评估。

2. 操作性和体验性并重

幼儿的认知特点决定了动作在思维发展中的作用，幼儿的双手操作活动，可以促进大脑积极思维，有利于提升幼儿的逻辑思维水平。幼儿的逻辑思维活动中的操作材料需符合幼儿年龄特点，能满足幼儿兴趣需要，而且数量要充足、形式要多样、材料要丰富，材料的操作性和目的性要强，才能让幼儿在操作中真正提升逻辑思维水平。幼儿通过自身活动获得直接经验，也是幼儿逻辑思维培养的重要方法和学习方式。幼儿是通过亲自“做”的活动而产生的学习，让幼儿在活动体验中观察、反思和分享，从而获得有关逻辑思维的认知，使他们在形体、情绪、知识上参与的所得形成学习，给他们带来新的感觉新的刺激，从而加深对逻辑思维认知的理解与记忆。如教师在集体活动中让幼儿感官体验什么是圆形、三角形和正方形，通过一个小小的魔盒，让孩子摸一摸、猜一猜、想一想、看一看，了解几种图形的特征有什么不同，让孩子在体验中对图形产生浓厚的兴趣。接着教师又提供一个大大的空空的房子和许多图形积木，让孩子自己操作搭建房子，并说一说自己用什么形状搭建了房子的什么部位。体验与操作并重的学习方式，让幼儿在快乐的氛围中，不知不觉地领悟了图形的特征和用途。

3. 发展性与个体性共融

幼儿的逻辑思维发展有着明显的差异，其天赋有所不同，我们要尊重幼儿的个体性发展，还要坚持让每一个幼儿都能得到发展。因此，在对幼儿的逻辑思维培养中，我们要充分体现发展性和个体性共融的理念。首先，我们要根据幼儿的年龄特点在班级的活动区域中投放各类活动材料，在个别化学习、自主游戏活动中通过操作材料使幼儿的逻辑思维能力不断得到发展。其次，我们还设置了专用的逻辑思维活动室，投放经过老师们梳理的呈现目标顺序的活动材料。而在专用活动室活动材料的标识中，没有规定特定的年龄领域，而是选用标识来区分。如“小猫”标识材料，是发展幼儿的一一对应等发展指标的“找不同”游戏，活动材料的发展目标有层次标识，没有年龄标识，“小猫”个数在增加，不同的数量表示难易程度，不以单一的年龄段让幼儿选择材料，幼儿可以自主选择活动材料。可能小班年龄的幼儿能玩三只“小猫”的活动材料，而中班的孩子可能只会两只“小猫”的材料。教师心里有目标，在幼儿的学习活动中，教师可以有目的地引导幼儿有序递进地选择操作材料，以此尊重每一个幼儿的个体性发展。希望每一位幼儿能在活动中获得成功，让幼儿逻辑思维水平得到不同程度的提升。

（二）形成了行动中提升幼儿逻辑思维水平的活动内容

幼儿园教育活动应该进行合理有机整合，我们将幼儿逻辑思维培养自然地渗透于一日生活的各项活动中。一日生活的各个环节都蕴含着丰富的学习与发展契机，充分挖掘幼儿园一日活动各个环节中的逻辑思维内容，帮助幼儿学习对各种问题进行比较、分析、综合、抽象与概括，鼓励幼儿大胆表现自己，敢说、爱说、多说、会说，主动与人交往，从而使幼儿的空间认知理解、逻辑思维推理能力等得到培养和发展。

1. 解读课程教材，梳理预设活动

《学习活动》教参分小、中、大三个阶段，每一阶段以主题、子主题以及与之有关的学习内容提示点的形式呈现。我们在幼儿逻辑思维培养的过程中认真梳理出每一个主题活动中的逻辑思维学习内容。各阶段的幼儿逻辑思维集体活动设计表见表1至表3。

表1 小班幼儿逻辑思维集体学习活动设计表

主　题	页　码		内　容	逻辑思维指标元素
	活动与指导	活动实例		
小宝宝	2页		动动我的身体	一一对应
	3页		小跳舞毯	图形
	4页		拍皮球	空间方位
		7页	好闻的气味	归纳推理
		8页	男孩女孩排队	模式

表 2 中班幼儿逻辑思维集体学习活动设计表

主 题	页 码		内 容	逻辑思维元素
	活动与指导	活动实例		
我爱我家	3 页		我家住哪里	数概念与运算
	3 页		布置新家	归类推理
	5 页		小电话	一一对应
	5 页		我家的厨房：收拾碗筷	分类
	5 页		我家的厨房：开饭准备	一一对应
	6 页		开锁：谁的锁开得快	一一对应
	8 页		爸爸的大手	量比较与测量
	13 页		方脸和圆脸	分类、图形
		17 页	方脸公公和圆脸婆婆	分类、图形
		20 页	我家的房间	图形

表 3 大班幼儿逻辑思维集体学习活动设计表

主 题	页 码		内 容	逻辑思维指标元素
	活动与指导	活动实例		
我是中国人	15 页	21 页	看灯笼找算式题	数概念与运算
	24 页		旅游棋	数概念与运算
	26 页		快乐旅行	数概念与运算
	33 页		剪窗花	图形
	34 页		泥娃娃分家	分类
	35 页		学烧中国菜	数概念与运算
		41 页	十二生肖	时间关系、模式

集体学习活动计划表按照年龄段不同，可以以大主题或子主题为单位形成计划表。计划表的内容是我们以年级组为单位进行研讨并形成的，使每一位教师在活动开展前对活动的内容和活动的目标一目了然，然后围绕目标和内容再结合本班幼儿的实际情况设计学习活动过程，避免了活动设计的随意性和逻辑思维培养目标定位

的不正确。

2. 关注幼儿生活，自主生成活动

《上海市学前教育课程指南》就幼儿园的生成活动明确指出，“生成也指教师在幼儿游戏与其他活动中发现一些有意义的活动，及时介入进行随机教育，或者对该活动加以进一步的充实和扩展”。在幼儿逻辑思维培养的过程中，适时“生成”一个集体学习活动非常重要。如在中午的散步中，中班孩子们对春天校园里植物区的花有几个花瓣感兴趣了，当花瓣数量一多，孩子们就数不清楚了。于是教师组织了一个集体活动“数花瓣”，学习围合数数。一个生成的集体活动的内容要充分体现对幼儿逻辑思维经验、认知的提升的价值。生成集体教学活动设计表见表4，各年龄段生成个别化学习活动设计表见表5至表7。

表4 生成集体教学活动设计表

年 龄 段	活动名称	融入逻辑思维的元素
小 班	敲门声	数概念与运算
	老狼老狼几点了	分类
	有趣的橘子宝宝	量比较与测量
	动物的花花衣	一一对应
	礼物在哪里	空间方位
中 班	猜	归纳推理
	听音数数	数概念与运算
	猫捉老鼠	一一对应、归纳推理
	追踪百变大盗	集合与分类
	人在旅途	归纳推理
大 班	史迪奇找怪兽	空间方位
	松鼠搬家	数概念与运算
	乱七八糟的魔女之城	模式
	小熊弟弟过生日	因果关系
	小熊一家和怪物们	集合与分类

表 5 小班生成个别化学习活动设计表

主　　题	活动名称	融入逻辑思维的元素
好听的声音	听一听、猜一猜	因果关系
小兔乖乖	找小兔	一一对应
	喂小动物	集合与分类、数概念与运算
	小鸡捉虫	集合与分类、数概念与运算
	小动物本领大	集合与分类、一一对应
	串项链	模式
	卷袜子	一一对应

表 6 中班生成个别化学习活动设计表

主　　题	活动名称	融入逻辑思维元素
我爱我家	全家福	模式
	做甜糕	图形
	宝宝在成长	模式
	为家人配餐	一一对应
	垃圾分类	集合与分类

表 7 大班生成个别化学习活动设计表

主　　题	活动名称	融入逻辑思维元素
我是中国人	剪灯笼	图形
	地图拼板	图形；模式
	旅游棋	数概念与运算
	对对碰	数概念与运算；量比较与测量；一一对应
	指南针	空间方位
	中国筷	量比较与测量

（三）提炼了提升幼儿逻辑思维水平的策略

教师要清晰地知道幼儿在园的一日活动中，实施什么形式的教育活动，如何有效组织、有效提升幼儿的逻辑思维水平。我们根据幼儿园的课程以及幼儿学习与发展的领域，探索了一系列幼儿园有效帮助和提升幼儿逻辑思维水平的教育的策略。

1. 融合主题策略

我们所使用的上海市课程教材，是以主题的形式呈现的。在每一个主题活动中，围绕主题有不同的认知点，教师可以根据这些认知点，设计不同的教学目标，开展学习活动，所以在对幼儿的逻辑思维培养中，教师须对使用的课程教材进行研读，挖掘教材中的逻辑思维元素，在撰写教案的过程中明确逻辑思维元素目标。比如，大班主题“我自己”中，集体学习活动中“不同的人”的活动目标：（1）尝试按不同的特征进行分类，并将分类的办法记录下来；（2）培养幼儿从多个维度思考问题的能力。教师梳理出详细的逻辑思维元素，“判断人物的不同特征，按照4种（及以上）不同的维度进行分类，并尝试记录和说明”。活动实施前的计划中就已经考虑到了活动目标，活动过程就能围绕目标实施。

2. 生成动态策略

幼儿园的集体学习活动内容的另一个来源可以是近一阶段幼儿逻辑思维发展中的热点，或者是问题。在观察幼儿学习区角活动情况中，发现需要教师梳理和提升的方面时，就要预设一个集体学习活动，活动是由幼儿和教师共同生成的。如大班区角活动中有按照图示区分五种不同图案、颜色、形状的活动材料，在活动一段时间，教师发现幼儿只是对图形进行区分，而没有真正发现图形在不同中蕴含着的相同点等认知，于是教师可以组织一个集体学习活动，活动目标是让幼儿判断图形的相同点和不同点，如两个图形之间特征上可能有共同点，也有不同点。在集体学习活动中，幼儿通过对图形之间不同点和相同点的观察，梳理了其对图形特征判断的能力。

3. 整合生活策略

在幼儿园的集体生活中，养成良好的生活习惯是幼儿的培养目标，学习遵守集体生活的各项规则是幼儿集体生活的意义。幼儿在园的一日生活中蕴含着幼儿逻辑思维的培养契机，同样培养幼儿的逻辑思维能力是提高幼儿的生活质量和将来的社会生活质量所必需的。如基本的生活习惯的培养中，图示“洗手六步法”，小班幼儿就学着看示意图，了解顺序进行洗手，这既是顺序排列的学习，也是好习惯的培养；小班幼儿生活自理能力中的“让玩具图书回家”是对小朋友会整理的好习惯的培养。为了让严谨、枯燥的事情变得有趣，同时又能发展幼儿逻辑思维，我们设计了各种图示：小班教室里的小篮筐中有几个苹果，就要把小篮子放到相应数字或者“小点点”的玩具柜上；识别大班篮子和橱柜上的标识，可以提高难度，幼儿要同时读懂标识，需要思考，可能是排序，可能是守恒的概念，才能找到正确位置。这样，幼儿提高了判断能力，也培养了物归原处的好习惯。

（四）探索了提升幼儿逻辑思维水平的行动路径

我们以《3—6岁儿童学习与发展指南》为依据，以解决在培养幼儿逻辑思维能力的实践中的问题为重点，寻找适合幼儿逻辑思维培养的途径，进行实践探索，在探索的过程中积累和形成了幼儿逻辑思维培养的实践途径。

1. 专门的学习活动

幼儿园的学习活动是教师有目的、有计划地引导幼儿探索学习的过程。在幼儿的逻辑思维活动中，教师在观察与了解本班幼儿的情况下，通过提供材料、创设环境和组织活动的方式，在师幼互动中发展幼儿的逻辑思维水平。目前在幼儿园的学习活动一般分为两种形式：集体学习活动和个别化学习活动。

（1）集体学习活动

幼儿园每天的集体学习活动时间只剩下一次，所以教师预设逻辑思维集体学习活动的内容非常慎重，活动内容的价值是关键要素。

集体学习活动是对教育活动目标、活动内容和活动过程进行预设的过程，在幼儿逻辑思维培养的集体学习活动预设的过程中，一是要关注活动目标中的逻辑思维的元素，二是活动内容体现核心经验，三是要关注活动过程中的游戏特质。中班集体学习活动计划表如表8所示。

表8 中班集体学习活动“图形朋友圈”计划表

活动名称	图形朋友圈（中班）	**执教老师**	
活动目标： 1. 继续积累图形特征的经验，借助图形朋友圈，根据图形特征为图形分类。 2. 理解并遵守游戏规则，体验成功为图形找朋友的快乐。			
活动准备：背心12件（上有图形）、大小不同的朋友圈若干。			
逻辑思维元素：根据一些事物的共同特征，把这些事物归类成一个类，并且形成一个“类”的概念。			
活　动　过　程			**活动评析**
一、引出图形朋友圈 二、游戏：图形朋友圈 1. 第一次游戏（2个朋友圈） 玩法：“找朋友、找朋友，朋友圈里有朋友。找朋友、找朋友，长得像的住一起。” 游戏后分享：朋友圈里住着谁？它们哪里长得像？ 小结：你们真厉害，能根据图形的边和角帮图形找到新的朋友圈。 2. 第二次游戏（3个朋友圈） 游戏后分享：哪个朋友圈有变化了？说说你的理由。			

续 表

小结：只要我们仔细观察，就会发现图形长得像的地方。 3. 第三次游戏（6个朋友圈） 游戏后分享：朋友圈里住着谁？你觉得可以给朋友圈取个什么名字？ 小结：朋友圈越多，住在一起的朋友长得就越像。 三、活动延伸 师：等到了大班我们会认识更多的新图形，我们再请新朋友住进我们的朋友圈。	

这个集体学习活动目标中的逻辑思维元素是提升幼儿分类的逻辑思维水平。整个活动中有三次分类，始终围绕着目标中的核心经验——分类的能力；而活动过程都是以幼儿自己扮演一个图形的角色，开展找朋友圈的游戏活动，体现了活动的游戏特质。活动设计中，教师紧紧围绕活动重点、难点，关注活动的有效性。

（2）个别化学习活动

在个别化学习活动中，教师通过学习材料的预设和投放来组织幼儿开展逻辑思维活动。在预设的过程中，教师需先要分析逻辑思维学习内容的特质，该内容的学习重点是根据幼儿逻辑思维培养目标来制定的。我们制订了一份幼儿逻辑思维个别化学习材料计划表（见表9）。

表 9　幼儿逻辑思维个别化学习材料计划表

名 称	适合年龄段	逻辑思维元素	材料提供	玩法提示	图 片
帽子分分乐	4—6岁	集合与分类：体验多层分类，通过分类操作，让幼儿体验分类的方法。	大的、小的、不同形状、不同颜色的帽子8个，记录纸，操作底板等。	请尝试给帽子分分类，戴在女孩的头上。帽子后面有不同的标记，把不同的分类方法及结果记录下来。 玩法一：按照帽子某一特征分成两类，可以有几种分法？并做好记录。 玩法二：按照帽子某一特征分成三类，可以有几种分法？并做好记录。	

为了保证幼儿逻辑思维活动的有效性，教师还要关注两个要点：一是必须了解本班幼儿发展的现状，要根据幼儿活动情况随时调整材料投放。如在小班幼儿排序活动中，ABAB规律对小班幼儿已经没有挑战了，那么教师要再提供一种不同的材料，能让幼儿开展ABC的规律排序。二是活动材料的操作不能是单一或唯一的方法，材料要给予幼儿创意和探索的空间，再如前面所说的小班的排序材料，教师所提供的操作材料是让幼儿发现规律标准，并按照标准做排序，也可由幼儿来决定标准，不同的标准就会有不同的排序。

2. 随机的渗透活动

（1）游戏活动

游戏中蕴含着丰富的学习因素，在游戏中幼儿可以潜移默化地学到很多知识，有助于培养幼儿的注意力、观察力和判断力，激发幼儿的创造力和思维发展。幼儿通过游戏探索环境，接触事物获得知识，自由地进行各种模仿、操作与探索。

① 户外思维小游戏

合理利用幼儿喜欢游戏的特点，我们开发幼儿喜欢的户外思维小游戏活动。教师精心设计小游戏的空间场地、活动场地，充分利用大自然的资源，提供简单的小器械，组织幼儿个人或结伴开展自主自由的游戏活动。通过游戏，幼儿可以自主发现生活中的逻辑思维的奥秘。我们组织幼儿到户外开展小游戏活动。如“玩转绳子”活动，幼儿在户外空旷的场地上，一个孩子躺下，另一个孩子用绳子圈出同伴的轮廓；几个孩子一起合作，将绳子设计成不同数字的形状，甚至有孩子用绳子丈量跑道的长度。在玩转绳子的过程中，孩子们开动脑筋，拓展思维，不仅巩固了数概念，还能用自然物测量自然物体，逻辑思维水平得到了提升。

② 智力游戏

幼儿园的益智游戏通常以游戏的形式锻炼幼儿的脑、眼、手等，使儿童获得身心健康，增强自身的逻辑分析能力和思维敏捷性。如大班幼儿玩“谁是卧底”的游戏，他们不仅要仔细听同伴的话，并对同伴的话进行推理判断，考虑自己究竟是卧底还是平民。在游戏过程中，孩子们进行了一系列的演绎推理，在开心游戏、智慧推理的过程中提升了自己的逻辑思维能力。

③ 建构游戏

建构游戏是幼儿很喜欢的活动，特别是男孩子，对建构有天生的喜好。在建构游戏中，幼儿利用各种积木和有关的辅助材料进行建筑和构造的操作，能感知和体验各种积木的图形分类，通过一一对应找到相同的积木，可以在积木的搭建中发现空间关系，还可以体验到因果关系推理，积累积木怎么搭建会倒、怎么搭建不会倒塌的因果关系的推理经验。如大班幼儿能通过合作，有选择性地寻找需要的积木材料，并且能将任务进行分工，你搭建底座，我搭建城墙，将平坦的积木放置在最底部，而尖尖的三角形和拱形则放在最上方，最终搭建出令人赞叹的“中国馆”。

④ 角色游戏

角色游戏是幼儿最喜欢的活动，活动中孩子模仿着成人的各种活动，体验着角色的行为，是对社会生活的体验。而在社会生活中有着大量的规则、要求、方法等概念，要执行和体验这些规则、要求等，幼儿必须具备一定的逻辑思维水平，所以幼儿园的角色游戏活动能让幼儿体验逻辑思维，能有效地提升幼儿的逻辑思维水平。在游戏中，幼儿在自由玩耍的同时，会把自己脑海里的经验再现，再现过程中教师会发现孩子自然而然地会遵守一些逻辑规则。比如，在“电影院”游戏中，幼儿买票卖票的过程中体验计数、数符号、方位等的认知，几号座位在几号座位的左边或者右边，几排几座等。在幼儿的游戏活动中，教师有目的地观察幼儿的活动情况，适时地介入，特别是在活动讲评时，教师要及时关注幼儿在活动中的逻辑思维学习，关注幼儿活动中的逻辑思维发展情况，帮助幼儿在游戏活动中养成对逻辑思维的兴趣。

（2）生活活动

培养幼儿的逻辑思维能力是提高幼儿的生活质量和将来的社会生活所必需的。教师可以让幼儿了解生活中的各种规则和规律，发现事物之间的联系，以及判断事物的对错等各种逻辑思维，也能养成良好的行为习惯。

① 培养良好生活习惯中的逻辑思维

幼儿在集体生活中养成良好的生活习惯是培养目标，学习遵守集体生活的各项规则是幼儿集体生活的意义。幼儿在园的一日生活中蕴含着幼儿逻辑思维的培养契机。如对幼儿基本生活习惯的培养中，小班幼儿就学会看“洗手六步法”模式示意图，了解有序地按照步骤正确地进行洗手。

② 习得生活能力中的逻辑思维

生活能力是指人们在生活中自己照料自己的行为能力，其中很重要的一点是，教会幼儿一些应急应变的方法。在培养幼儿所需的生活应急能力中，可以通过视频、画面，也可以通过书面语言，要让幼儿进行因果推理，我们可以从原因找结果，也可以从结果找原因，总之要重视对幼儿因果关系推理能力的培养。如最常见的交通规则的教育中，教师可以出示一些正确或者不正确的行为，让幼儿一起来推断结果，让幼儿知道这些交通行为的正确性，也可以让幼儿通过了解一些不好的交通行为结果来推理出原因，让幼儿在生活中避免错误行为，养成正确的生活能力。

（3）运动

幼儿园的运动活动往往会有一个游戏情境，而且是动态的，教师对运动活动的任务、规则、材料等进行规划，幼儿就会根据教师的预设不断主动感知、体验、操作，运用观察、分析、判断等不同的思维方法来完成任务。我们可以根据运动游戏的构成因素对游戏内容、过程等进行改编，使幼儿在身体健康发展的同时，逻辑思维能力也得到发展。

① 完成运动任务中体验逻辑规则

运动游戏中教师可以根据游戏目的发布不同的任务指令，让幼儿有的放矢地去游戏，在不同的任务中幼儿可以对数获得不同的认知。如小班运动游戏“找宝贝”，这个运动游戏是教师让幼儿找出教师藏起来的宝贝。在活动前，我们尝试增加了发展幼儿逻辑思维中对空间方位的认知，教师将不同的玩具放在室外空间的不同位置，听口令幼儿四散跑出去找“宝物”，幼儿会在滑梯上面、小草上面、水槽里面等不同的位置找到玩具，然后往回跑。这个运动游戏不仅可以锻炼幼儿的奔跑、躲闪跑的能力，还能理解空间方位概念。

② 玩要运动器械中感知逻辑认知

运动材料可以引发幼儿进行活动的愿望，并产生积极的活动行为。教师有目的地投放运动材料，进而引导幼儿细致观察、开动脑筋。如给孩子提供不同的装水的瓶子，幼儿用不同的方法运瓶子，在运瓶子的过程中体验瓶子中水的重量，有2斤、5斤、10斤，甚至更重。孩子们在运动中体验重量，也能根据自身的承重力来观察水的多少，分辨出轻和重。

3. 亲子游戏活动

家长是幼儿的第一任老师。幼儿在与父母的亲切游戏互动中，能够最大限度地发挥潜能。我园为幼儿与家长提供亲子游戏平台，让家长积极参与到幼儿的活动中，有助于提高幼儿的逻辑思维能力，培养幼儿积极思考问题的良好习惯。如家长为孩子准备多种图形的照片，让孩子用棉签或者小棒子，根据指定图形搭建。这个亲子小游戏不仅有效锻炼了孩子的图形认知能力和空间想象能力，还促进了亲子沟通，增进了亲子感情。

（五）创设了提升幼儿逻辑思维水平的物质环境

幼儿园的物质环境是指影响幼儿身心发展的物化形式的教育条件。它是幼儿园的一种“外观”。我们希望能通过有目的地创设物质环境，使幼儿园的环境起到育人的功能，有效地促进幼儿逻辑思维的发展。按位置来分，我们可将幼儿园环境分为室内和室外环境，再根据位置特点以及幼儿活动的领域，从班级环境、室内其他环境、室外环境三个方面进行布置。

1. 幼儿园公共环境

（1）室内公共环境

除班级教室以外的幼儿园室内环境包括幼儿每天走过的走廊、楼梯。

走廊内、楼梯上，根据主题布置一些让幼儿了解的知识，设计了幼儿可以操作的墙饰和材料，比如用搪瓷板在墙面上布置迷宫游戏，让幼儿在寻找迷宫出口的过程中，提升注意力、观察力、分辨能力、思维能力和记忆能力；搪瓷板还可以制作拼图材料，拼图游戏也是一件需要敏锐观察力和耐力才能完成的任务，是锻炼幼儿的思维能力非常好的方法。幼儿园走廊里设置了迷宫、拼图等墙面活动区，孩子们可以在午餐后和小伙伴们一起来挑战。

（2）室外公共环境

我们思考的是如何在有限的、固定的户外空间里因地制宜地创设支持幼儿开展逻辑思维活动的环境。

① 根据活动内容设置

在活动场景的布置中，教师注重有意识地引导幼儿观察和判断，在运动的同时体验逻辑。如“车轮滚滚”设置了停车区域，每一辆车都有固定的车位，幼儿在每一次的“停车”中发现规律，体验对应的关系等。

② 根据活动材料布置

幼儿的各类活动都是在与材料的互动中完成的。我们在为幼儿提供活动材料时有意识地渗透逻辑思维的概念，让幼儿在与材料的互动中体验和理解这个概念。如玩水活动中的接水管，水管有不同的形状、长度等，幼儿拼接水管的过程中，可以体验空间关系、因果关系以及找到水流动的规律等。

（3）专用活动室

逻辑思维活动室为幼儿提供了大量的逻辑思维活动材料，幼儿能在各种材料的操作中发展逻辑思维能力，预设的活动材料有明确的逻辑思维发展目标。幼儿能在教师的引导下，理解材料的玩法，自主地选择材料开展活动。

除了逻辑思维活动室，我们还为幼儿布置了阅览室、美工室、生活室等专用活动室。在这些活动室的环境布置中，我们也有意识地提供材料，让幼儿在活动室的活动中感知逻辑概念。比如美术活动室里的“创意墙”，我们设计了鸡蛋纸托盘墙，还有不同颜色的“毛球”，幼儿利用毛球塞进托盘里开展构图，在建构的过程中不仅有美育的发展，同时幼儿能理解空间、形状、模式带来的美感。

2. 幼儿园班级环境

幼儿在园的一天时间里，从来园到离园有近百分之七十的时间是在自己的教室里度过的。因此班级物质环境的创设对幼儿能起到“润物细无声”的影响作用，通过幼儿看到的、听到的、触摸到的各种直接感知的体验，其思维的发展产生潜移默化的教育效果。

（1）生活标识

我们在班级活动室的各个区域都会设计不同的生活标识，让幼儿通过观察标识养成良好的生活习惯。这些标识是幼儿每天都能接触到的，是幼儿必须掌握的生活秩序。在这些生活环境标识中有意识地加入逻辑概念，让幼儿在培养良好的生活习惯中体验逻辑。例如：大班"一日生活作息表"中将一天中幼儿所做的事情按照顺序标识出来，有的班级用钟表的形式表现时间，有的班级直接写出时间段来，让幼儿将每一时间段要做的事情画出来，幼儿在一日生活作息表中了解到什么时间做什么事情，还可以根据已知的时间推断出下一时间段要做的事情，这样可以培养幼儿初步的时间概念，帮助他们养成良好的有序生活的习惯。

（2）材料投放

幼儿的学习不仅包括直接的感知体验，还需要亲自参与实践的过程。而操作材料不仅可以让幼儿直接感知到材料的一些特性，还让他们在与材料的互动过程中获得一些直观的体验。因此，教师有意识投放各类逻辑思维活动材料，能够激发幼儿动手操作的欲望。在材料投放时，教师可以选择教育意图明确的材料，幼儿通过对材料的操作来完成教师预设的教育目标，为完成目标而进行的活动过程就是幼儿思维发展的过程。在培养幼儿集合与分类的活动中，诸如"请找出不同类型的物品"操作材料，图片中有铅笔、橡皮、卷笔刀，还有一件衣服，让幼儿分出哪个不是学习用品。幼儿根据生活经验归纳出铅笔、橡皮、卷笔刀是学习用品，而判断出衣服不是学习用品。此类活动材料能让幼儿在操作活动中提升集合分类的能力。

（六）构建了幼儿逻辑思维水平的发展指标

1. 指标来源

我们学习了国内外先进的经验和优秀研究成果，特别是参考了黄瑾教授和田方教授主编的《学前儿童数学学习与发展核心经验》、汪馥郁教授的《迈向智慧之路——幼儿逻辑思维能力培养》以及上海市特级教师陈青的《快乐学数，智慧玩数》著作内容的基础上，结合了《3—6岁儿童学习与发展指南》的要求，尝试从幼儿不同的逻辑思维水平发展来分析，确立了培养幼儿逻辑思维水平的发展指标。

2. 指标要素

发展指标要素共有集合与分类、一一对应、时间关系、因果关系、归纳推理、模式、数概念与运算、量比较与测量、图形、空间方位10个发展项目，每个指标分为三个水平。水平描述中的水平一、水平二、水平三并非特指年龄阶段，幼儿的逻辑思维发展中差异性大，可能某种能力发展较快。所以不同指标只能显示幼儿的逻辑思维水平发展现状，是教师或家长培养幼儿的依据。

表 10 幼儿逻辑思维水平的发展指标

指标	概念	水平描述		
		水平一	水平二	水平三
集合与分类	把相同或者具有某一方面共同特征或属性的东西归类在一起，并且形成一个“类”的概念。 按照物体的形状、颜色、用途、大小、重量、所用的材料、物体之间的相关性分类等。	从某个或者某些具体事物中提升出类概念，幼儿能够用一个标准在许多具体物体中区分出几个子类。 （学习分类方法，感知不同分类标准产生不同分类结果。）	根据类概念指认更多具体事物，幼儿能够用一个标准在许多具体物体中区分出几个子类后，再用一个标准对其中某个子类进一步进行分类。 （学习分类的方法，对一级分类和二级分类有初步体验。）	幼儿能够不依赖于具体物体，而是通过语言，在抽象的层面上形成并运用类概念，并能够通过语言，脱离具体物体，运用抽象概念进行一级分类、二级分类、三级分类，甚至能够知道类和子类之间的关系等。 （体验多层分类，提高分类能力；通过分类操作，让幼儿体验分类方法的实际作用。）
归纳推理	归纳推理就是依据对一类事物若干个体的考察，从而推出关于该类事物的一般性知识的推理。	幼儿在操作实物的过程中，发现实物之间呈现出某些相似性，从而形成了归纳结论。 （增强幼儿日常生活中的观察能力；培养幼儿进行归纳推理的能力。）	幼儿需要借助操作实物，但已能用一个类概念来表示实物，通过发现一个类的若干个体或一个类的若干子类都具有某种共性，从而得出归纳的结论。 （锻炼幼儿比较分析的能力；培养幼儿归纳推理的能力。）	幼儿可以借助语言而不必再借助操作实物，通过发现一个类的若干个体或一个类的若干子类都具有某种共性，从而得出归纳的结论。 （培养幼儿的观察能力和比较能力；促进幼儿熟练地运用10以内的加减法。）
一一对应	一一对应，指的是两个对象或者两类对象集合之间的匹配关系。 一一对应能力是指通过比较并发现和处理两个不同对象或者两类集合之间存在相互匹配关系的能力。	幼儿在操作物体的过程中，能从不同物体的外部特征（形状、颜色、大小、多少等）方面发现其共同点，从而实现一一对应。 （加强对五官、脚印等的认知。）	幼儿在对不同物体进行比较的过程中，发现物体间在功能和数量等方面比较内在的关系，从而实现一一对应。 （认识圆形、正方形、三角形，按要求正确进行图形的一一对应；按物体的性质和功能有初步的认知；学习把有关物体进行一一匹配。）	幼儿不再依赖对具体物体的操作，而主要借助语言，在抽象的层面通过比较实现一一对应。 （对不同种类水果的外形和性质有初步认知；进一步认识1—10的自然数；培养量与数的一一对应能力。）

续 表

指标	概念	水平描述		
		水平一	水平二	水平三
模式	规律能力：能够从若干个别性事物中发现其具有的共同性、普遍性内容，完成找规律的任务。 能够从若干个别性事物或现象中发现其中具有共同性、普遍性的内容，而且还要进一步把所获得的共同性、普遍性内容推广运用到其他个别事物或现象上，揭示该个别事物或现象也具有此共同性、普遍性的内容。	在操作中，根据能感知到的实物具体特征，寻找其中的规律。 （增强幼儿反应能力和协调能力；培养幼儿发现规律、运用规律的能力；培养幼儿观察能力。）	仍然要借助能够感知到的实物具体特征寻找到其中的规律，在发现规律后能够运用规律解决当前的问题。 （培养幼儿的观察力和图形识别能力；学习根据一组图形的变化找出图形的变化规律，确定某一位置上的图形；能按照颜色、图形的简单规律排序。）	不再依赖实物具体形象，而是借助语言，寻找到事物或现象间的规律并且运用规律解决问题。 （培养幼儿发现规律、运用规律的能力；增强幼儿的观察能力和图形识别能力。）
空间方位	幼儿在认识物体的上下、前后、左右、远近以及大小、形状等空间特性基础上进行推理的能力。	以自我为中心，或以自然界某个物体为标志（可简称为标志物，作为考察某个目标物的参照），辨别与熟悉的具体物体（被考察的目标、可简称目标物）之间空间关系并进行初步推理。 （在活动中学习上下、前后、左右、远近、里外等方位词。）	幼儿能够在抽象的或想象的空间结构中，辨别出目标物与标志物之间的空间关系。 （强化幼儿与空间关系有关的生活经验，培养幼儿运用简单图形进行物体空间关系推理的能力。）	幼儿能够进行空间关系的传递性推理和互反性推理。 （强化幼儿与空间关系有关的生活经验，培养幼儿空间关系互反推理的能力。）
因果关系	从幼儿进行因果推理的方向来看，可以进行由原因寻找结果的因果推理，也可以进行由结果寻找原因的因果推理。	幼儿观察到前后发生的两个事件，能够指认出其中一个为原因，另一个为结果，指认出原因产生的结果，并且能指认出某个结果是由某个原因产生的。	幼儿能针对当前观察到的事件，推测出该事件可能产生的结果和可能的原因。	幼儿能够针对某一假设的事件，推测出该事件可能产生的结果。 幼儿能够针对一个假设的事件，推测出产生该事件可能的原因。

续 表

指标	概念	水平描述		
		水平一	水平二	水平三
数概念与运算	数概念的基础是计数能力，是幼儿建构非正式算数的基础，理解数量概念的必要条件，因此在平日里要随时抓住机会让幼儿练习计数。 运算是指幼儿在日常生活中遇见数学活动，会借助实物操作来表征问题情境，通过比较实物数量的多少以及从一个数接着往下数的方法来建构数模型，达到数量的相加或相减。	体验和发现生活中很多地方都用到数。 能手口一致地点数5以内的物体，并能说出总数。能按数取物。 能用数词描述事物或动作，如我有4本图书。	在指导下，感知和体会有些事物可以用数来描述，对环境中各种数字的含义有进一步探究的兴趣。 能通过实际操作理解数与数之间的关系，如5比4多1，2和3合在一起是5。 会用数词描述事物的排列顺序和位置。	能发现生活中许多问题都可以用数学的方法来解决，体验解决问题的乐趣。 借助实际情境和操作（如合并或拿取）理解“加”和“减”的实际意义。 能通过实物操作或其他方法进行10以内的加减运算。 能用简单的记录表、统计图等表示简单的数量关系。
量比较与测量	量比较是指幼儿在日常生活中对各种连续量或不连续量的感知和比较。 测量中主要是指自然测量，是指幼儿使用自然物（如虎口、臂长、小棒、绳子、瓶子等）而非标准测量物（如尺子）作为量具来测量物体的长短、高矮、粗细、液体的容量等。	能感知和区分物体的大小、多少、高矮、长短等量方面的特点，并能用相应的词表示。 能通过一一对应的方法比较两组物体的多少。	能感知和区分物体的粗细、厚薄、轻重等量方面的特点，并能用相应的词语描述。	初步理解量的相对性。
图形	图形是指幼儿对图形特征的分析、定义和分类。幼儿通过多种感官在头脑中建立某一图形的基本属性特征，再通过不断感知、探索，熟练掌握不同形状的基本属性特征，从而达到对图形进行分类和定义。	感知和发现周围物体的形状是多种多样的，对不同的形状感兴趣。 能注意物体较明显的形状特征，并能用自己的语言描述。	在指导下，感知和体会有些事物可以用形状来描述。 能感知物体结构特征，画出或拼搭出该物体的造型。 能感知和发现常见几何图形的基本特征，并能进行分类。	能用常见的几何形体有创意地拼搭和画出物体的造型。

续 表

指标	概念	水平描述		
		水平一	水平二	水平三
时间关系	时间是指幼儿在日常生活中感知白天、黑夜的模式交替，逐渐认识“昨天”“今天”“明天”等概念，最终了解“年”“月”“日”“时”“分”“秒”等概念。	学习早上、中午、下午、晚上等时间语词。	认识并学会运用今天、明天、昨天、星期一、星期二等时间语词。 理解整点和半点。	知道一年有12个月，一个月有30天或31天（2月有28天或29天），了解一周时序、一日时序，理解“年”“月”“日”等时间概念。

五、研究效果

幼儿园的逻辑思维教育活动真正地提升了幼儿的逻辑思维水平，我们在开展研究的两年多时间里，从教师和幼儿的身上都能看到变化。

（一）幼儿思维水平的提升

幼儿园每学年对幼儿的逻辑思维活动进行评估，教师有意识地选择不同发展指标的内容，以班级为单位，由年级组对评估结果进行汇总的方式了解幼儿发展情况，对幼儿的活动进行观察，了解不同年龄幼儿逻辑思维水平的发展。我园在正式开展研究前对各年龄段幼儿的逻辑思维活动进行了前测，开展课题研究一年后进行后测，下面就是三个年龄段幼儿在2018学年里开展的评估情况统计。

由图2可知，研究前小班幼儿各逻辑思维元素处于较低水平，十项逻辑思维元素的均值除“图形”以外均在1以下（满分为6分），其中“归纳推理”为最低水平，均值仅

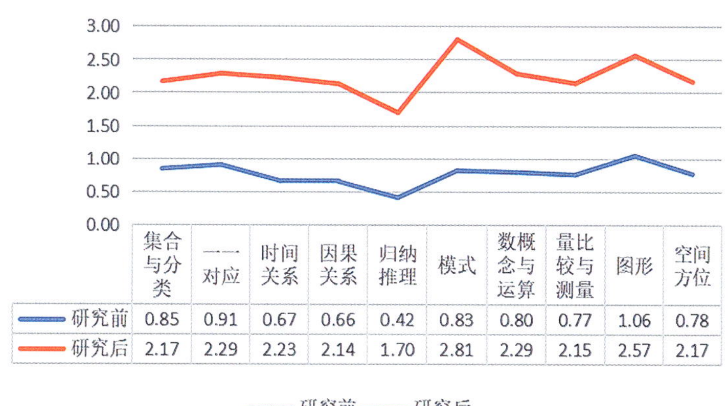

	集合与分类	一一对应	时间关系	因果关系	归纳推理	模式	数概念与运算	量比较与测量	图形	空间方位
研究前	0.85	0.91	0.67	0.66	0.42	0.83	0.80	0.77	1.06	0.78
研究后	2.17	2.29	2.23	2.14	1.70	2.81	2.29	2.15	2.57	2.17

图2 研究前后小班幼儿逻辑思维水平评估均值比较

为0.42，“图形”为最高水平，均值为1.06。经过一学年的逻辑思维活动之后，小班幼儿的十项逻辑思维元素水平均有了质的飞跃，其中“模式”处于最高水平。

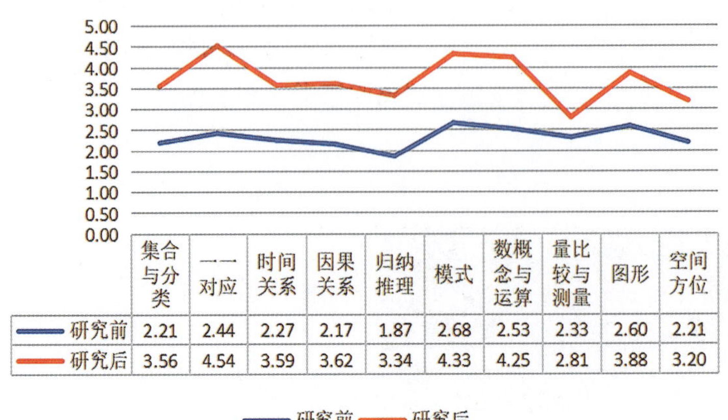

	集合与分类	一一对应	时间关系	因果关系	归纳推理	模式	数概念与运算	量比较与测量	图形	空间方位
研究前	2.21	2.44	2.27	2.17	1.87	2.68	2.53	2.33	2.60	2.21
研究后	3.56	4.54	3.59	3.62	3.34	4.33	4.25	2.81	3.88	3.20

图3 研究前后中班幼儿逻辑思维水平评估数比较

从图3可知，中班幼儿的逻辑思维水平与小班存在相似之处，即研究前的评估水平均低于评估后的水平，其中研究前“模式”水平最高，“归纳推理”水平最低；研究后“一一对应”水平最高，“量比较与测量”水平最低。

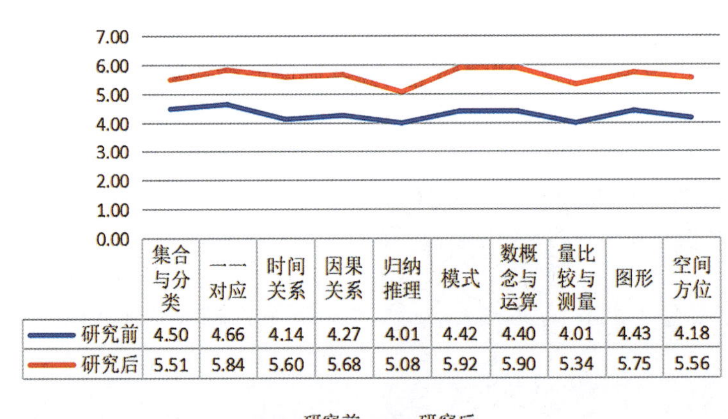

	集合与分类	一一对应	时间关系	因果关系	归纳推理	模式	数概念与运算	量比较与测量	图形	空间方位
研究前	4.50	4.66	4.14	4.27	4.01	4.42	4.40	4.01	4.43	4.18
研究后	5.51	5.84	5.60	5.68	5.08	5.92	5.90	5.34	5.75	5.56

图4 研究前后大班幼儿逻辑思维水平评估均值比较

从图4可知，大班幼儿的十项逻辑思维元素的水平都高于小班和中班幼儿，研究后的大班幼儿逻辑思维水平高于研究前的水平。研究前大班幼儿的逻辑思维元素“一一对应”处于最高水平，“归纳推理”和“量比较和测量”处于最低水平，其他七项思维元素的均值较为平均，差异不大；研究后大班幼儿的逻辑思维元素“模式”处于最高水平，“归纳推理”处于最低水平。

综上可知，随着课题的深入研究，各年龄段的幼儿的逻辑思维水平都有了明显的进步，其中小班幼儿研究前和研究后的对比最为明显。这些数据都证明了幼儿园开展逻辑思维活动能有效提升幼儿的逻辑思维水平。

我们也充分考虑到，幼儿存在自然成熟的影响，即小班刚入园的幼儿和小班第二学期的幼儿，这两个阶段的幼儿逻辑思维水平是不同的。这是由于幼儿在一年中心理不断发展，如何证明数据的提高是因为逻辑思维活动的开展而非由于幼儿的自然成熟？为规避自然成熟对研究带来的偏差，我园于2018年6月4日至6月8日对整个大班6个行动班级（共168人）进行为期一周的幼儿逻辑思维能力评估，并选取与我园性质相同的同级幼儿园两个大班的61名幼儿做参照，结果如表11所示。

表11　我园与参照园大班幼儿逻辑思维元素均值对比

逻辑思维元素	我园大一	我园大二	我园大三	我园大四	总部平均值	参照园大班	参照园大班	参照园平均值
集合与分类	5.45	5.52	5.64	5.42	5.51	5.17	5.10	5.14
一一对应	5.84	5.87	5.88	5.78	5.84	5.20	5.12	5.16
时间关系	5.65	5.60	5.54	5.62	5.60	4.99	5.11	5.05
因果关系	5.70	5.68	5.62	5.71	5.68	5.34	5.24	5.29
归纳推理	5.05	5.11	5.04	5.10	5.08	4.67	4.69	4.68
模　式	5.89	5.88	5.95	5.94	5.92	5.41	5.44	5.42
数概念与运算	5.86	5.94	5.89	5.93	5.90	5.45	5.53	5.49
量比较与测量	5.41	5.29	5.29	5.36	5.34	4.93	5.00	4.97
图　形	5.77	5.77	5.66	5.78	5.75	5.10	5.12	5.11
空间方位	5.69	5.41	5.47	5.65	5.56	5.20	5.14	5.17
平均值	5.63	5.61	5.60	5.63	5.62	5.15	5.15	5.15
标准值	6	6	6	6	6	6	6	6

从表11的评估结果可知：

第一，从总体上看，满分6分，我园4个班级的幼儿逻辑思维能力水平相差不大，说明行动研究对幼儿逻辑思维能力是有一定影响的。在我园和参照园之间，我园的平均值相对参照园平均值高出0.47，说明在同时期，在自然成熟同等的条件下，实施了行动研究的班级幼儿逻辑思维能力发展更好。从图5中也可直观发现，经过逻辑思维培养的

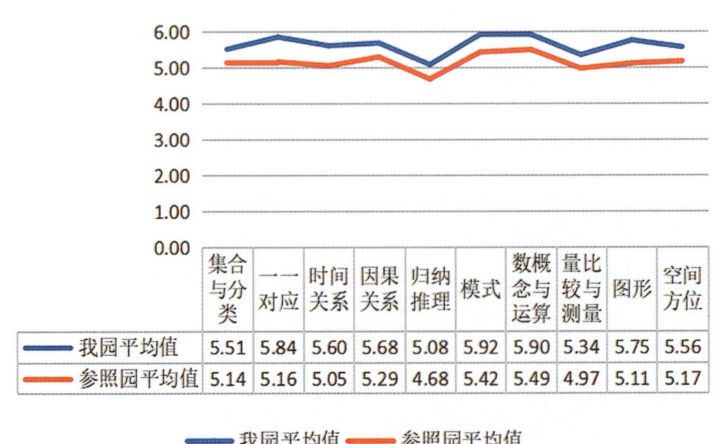

	集合与分类	一一对应	时间关系	因果关系	归纳推理	模式	数概念与运算	量比较与测量	图形	空间方位
我园平均值	5.51	5.84	5.60	5.68	5.08	5.92	5.90	5.34	5.75	5.56
参照园平均值	5.14	5.16	5.05	5.29	4.68	5.42	5.49	4.97	5.11	5.17

图5　我园与参照园大班幼儿逻辑思维水平对比

我园幼儿，在逻辑思维各元素的分值都高于没有经过逻辑思维培养的参照园幼儿，可以得出结论：我园的课题“在行动中提升幼儿逻辑思维水平的研究”能有效提升幼儿的逻辑思维水平。

第二，在各维度之间，我园被试幼儿在“模式”维度上的得分最高，达到5.92分，而参照园被试幼儿在“数概念与运算”维度上的得分最高，说明在行动研究中对幼儿的模式能力影响最大，而在我园和参照园幼儿中，两者在“归纳推理”维度上相对较弱，说明在行动研究中对幼儿演绎推理的能力有一定的影响，但是由于幼儿的年龄特点限制，幼儿正处于具体形象思维阶段，而归纳推理对幼儿的抽象思维发展要求较高，操作起来有一定的难度。

（二）教师专业水平的提升

在课题研究的过程中，我们给教师提供大量的实践体验的机会，在实践的过程中不断分析幼儿园逻辑思维教育的方法、内容等，也提升教师对自身专业的分析和反思。而每一次的研讨活动都是立足于幼儿在园一日活动中的教学实践活动，同时教师及时收集资料和幼儿反馈的信息，定期召开研讨会，寻找问题，分析原因，并根据研究目标不断思考、调整、完善，教师的专业水平在研究的过程中不断提升。

1. 改善观察思考能力

在课题研究的过程中，教师要了解幼儿的逻辑思维的发展情况，培养了观察幼儿的能力。在坚持观察的过程中，教师越来越会观察，越来越能做到“静下心”来观察。因为需要观察幼儿，所以教师给予了幼儿充分活动的机会。在会观察的基础上，教师的介入也更适宜，教师以往对幼儿的“照顾”“帮忙”比较多，而现在教师能做到尽量给予孩子体验、感知的机会，即使当时幼儿的方法不一定正确，教师也能让幼儿先有足够时间的探索，更是坚持让幼儿能自己来完成。如小班的教师在看到一个幼儿努力尝试模仿教师将两只小椅子椅面对椅面重叠时，耐心地用手机静静地拍了幼儿一分半钟的视频。虽然教师能在两秒钟里将两个椅子叠好，但是放好椅子不是关键，而是这个孩子的探索过程是重点，所以教师选择观察幼儿的探索过程，给予幼儿探究的机会，这样的例子在我们幼儿园时有发生。只有学会观察这一理念在教师的教育行为里扎根，才真正体现了幼儿为主的教育思想。

2. 提升反思评价能力

在开展幼儿逻辑思维的活动过程中，教师们在观察幼儿活动现场后，会对幼儿的活动进行分析，也会根据分析结果反思自己的教育行为。在这个过程中，教师了解了对幼儿活动过程评价的重要性，而不是单纯对幼儿活动结果的评价，理解了一个认真而未完成结果的幼儿比一个散漫做事而侥幸成功的幼儿更值得赞美。其次教师也积极鼓励幼儿参与评价，比如教师投放的个别化学习活动材料中，有很多材料本身有验证，幼儿可以在操作完成后进行自我评价，教师不评价幼儿的操作是否正确，而由幼儿自己来发现。教师在观察、反思和分析的过程中反思评价能力不断提升。

3. 提高环境创设能力

环境对幼儿发展的重要性是毋庸置疑的。在幼儿园环境的创设过程中，教师们真正理解了环境的教育价值，在幼儿园积极创设了提升幼儿逻辑思维水平的物质环境。首先教师能体现整合理念，对生活环境与逻辑思维、运动环境与逻辑思维、美术活动与逻辑思维进行整合；其次是教师们极力创设可以让幼儿操作、体验的环境，每一处的环境及材料都能"活起来"；最后教师不只关注一面墙，或者一个区角活动区域，而是在整个幼儿园的环境创设中体现逻辑思维的理念，变单一为多样，变平面为立体，让每一个幼儿在园的时间里都能感受到多重感官的刺激以及不同感官的体验，以此来提升幼儿的逻辑思维水平。

（三）幼儿园结出累累硕果

同凯幼儿园自2015年建园开始，就在不断思考提高幼儿逻辑思维能力的方法。2017年，课题"提升幼儿逻辑思维水平的行动研究"正式启动。同凯幼儿园的每一位教职工坚持不懈、扎实有效地走完了课题研究与推进实施的每一个阶段。伴随着园部课题的不断深入，我们鼓励教师在实践中发现自己的问题，通过探索与研究解决自己的问题。2017—2019年，同凯幼儿园的教师研究课题立项7项。此课题虽已收尾，但我园对于提升幼儿逻辑思维水平的探索仍在继续，几年来，教师们的课题立项有了新的突破。我们在项目研究中不断提升教学能力，在持续探索中见证教师的成长。（见表12）

表 12　2017—2022 年同凯幼儿园教师课题研究及其成果一览表

立项时间	负责人	课　题　名　称	级　　别	结题情况
2018.11	李　艳	开展数学教学游戏，提升大班幼儿逻辑思维能力的实践研究	市级青年课题	已结题 2019.9
2019.10	贺　乐	指向幼儿逻辑思维能力发展的低结构活动中材料投放方式的研究	区级一般	已结题 2021.10
2019.10	李　颖	指向核心经验的大班幼儿数活动优化研究	区级一般	已结题 2020.10
2019.10	王雷雷	依托“扑克游戏”培养幼儿数学思维能力的行动研究	区级规划	已结题 2020.5
2019.11	李　颖	指向核心经验的大班幼儿数活动实施研究	市级青年课题	已结题 2020.8
2020.9	濮文依	指向中班幼儿逻辑思维能力发展的班级环境创设研究	区级一般	已结题 2021.6
2020.9	阮漪清	在桌面游戏中发展中班幼儿逻辑思维能力的研究	区级规划	已结题 2021.6
2022.9	阮漪清	基于数学核心经验的大班建构游戏实践研究	区级规划	预结题 2023.10

课题研究的开展，锻炼了教师的实践研究能力。在金山区以及“上海市学前教育年会”上，围绕我园的办园特色以及课题的深入开展，数名教师走上了论坛，进行了交流。（见表 13）

表 13　2017—2022 年同凯幼儿园教师交流一览表

交流时间	交流教师	交　流　内　容	交　流　场　所
2017.2	张丽萍	快乐体验，童趣启智	金山区园长会议
2018.6	张丽萍	乐玩、巧思——幼儿园数活动探究	金山区教育局举办、同凯幼儿园承办的区级展示活动
2019.3	张丽萍	环境为幼儿插上思维的翅膀	一园一品，打造有品质的幼儿园——金山区幼儿园园长论坛
2019.11	陈燕青	响铃的故事	2019 上海学前教育年会
2019.11	张丽萍	融合三方之力，重塑幼儿思维品质	2019 上海学前教育年会

在课题实施过程中，教师们不断尝试新的教学方法，在推进特色项目的同时，也在不断反思与总结。教师们不断发现问题、分析问题，从而解决问题，并将自己的反思记录下来，形成了经验论文和优秀案例（见表14和表15）。这些论文和案例是教师不懈探索的过程见证，更是教师专业成长的见证。

表14　2017—2022年同凯幼儿园教师经验论文发表一览表

发表日期	发表人	经验论文题目	发表刊物
2018.10	张丽萍	《在行动中提升幼儿逻辑思维水平的研究》	《金山教育》
2018.10	王雷雷	《构建教育“微平台”　培养逻辑思维力——在幼儿园“微教育”中培养幼儿的逻辑思维能力》	《金山教育》
2018.10	倪莉莉	《乐玩思维游戏　畅想思维乐趣——以思维小游戏为载体提升小班幼儿逻辑思维水平》	《金山教育》
2018.10	陈燕青	《借助绘本之力　开启思维之门——在绘本教学中提升幼儿逻辑思维水平的探索》	《金山教育》
2018.10	李　艳	《体验音乐魅力　畅启思维活力——音乐活动对中班幼儿逻辑思维能力培养的探索》	《金山教育》
2018.10	胡维娜	《玩转导图　启智思维——借助思维导图培养中班幼儿类的逻辑思维能力》	《金山教育》
2018.10	张　越	《玩中有学　以动促思——在运动游戏中渗透小班幼儿逻辑思维的培养》	《金山教育》
2018.10	阮漪清	《动态调整　助推思变——大班幼儿数活动中操作材料调整策略》	《金山教育》
2019.12	张丽萍	《融合三方之力，塑幼儿思维品质》	《上海托幼》
2021.4	单惠红	《基于关键经验的幼儿园数活动设计与实施》	《上海教育情报》

表15　2017—2022年同凯幼儿园教师经验案例获奖一览表

获奖日期	获　奖	获　奖　项　目	获奖等第	颁证单位
2018.6	李　艳	巧思妙引，乐活思维——中班“逻辑高”特色活动的探索与实践	二等奖	金山区教育局
2018.6	陈燕青	享生活之乐，激生活之智——探寻小班幼儿生活活动中的逻辑思维教育	二等奖	金山区教育局

续 表

获奖日期	获 奖	获 奖 项 目	获奖等第	颁证单位
2018.6	杜德丽	以“趣”引路，以“思”导航——以中班集体教学活动《问路》为例	三等奖	金山区教育局
2018.6	胡维娜	记录体验　智慧呈现	三等奖	金山区教育局
2018.6	张　越	玩转图形，激活思维	三等奖	金山区教育局
2019.1	阮漪清	动态调整　助推思变——大班幼儿数活动中操作材料调整策略	一等奖	中国学前教育研究会
2019.1	张丽萍	在行动中提升幼儿逻辑思维水平的研究	二等奖	中国学前教育研究会
2019.1	王雷雷	构建教育“微平台”　培养逻辑思维力——在幼儿园“微教育”中培养幼儿的逻辑思维能力	三等奖	中国学前教育研究会
2019.1	李　艳	体验音乐魅力　畅启思维活力——音乐活动对中班幼儿逻辑思维能力培养的探索	三等奖	中国学前教育研究会
2020.5	黄　洁	我为“卧底”游戏狂　思维展翅尽翱翔	三等奖	金山区教育局
2020.5	顾玲美	自主调整材料，体育育身育心——以大班体育活动《运动乐趣多》为例	三等奖	金山区教育局
2020.5	张　越	“分”门别“类”　趣玩生活	三等奖	金山区教育局
2021.12	阮漪清	借助桌面游戏提升中班幼儿逻辑思维能力的现状调查研究	三等奖	上海市教育科学研究院普通教育研究所

当我们手捧鲜花和奖状的时候，每一位同幼人一定会百感交集。是的，我们忘不了课题研究开始阶段的踌躇满志，忘不了研究推进过程中的困惑与艰难，忘不了研究突破难点时的兴奋，更忘不了付出艰辛后结出的累累硕果带给我们的喜悦。而此时，领导引领力的提升、教师专业素养的成长都与课题研究紧密联系在了一起。

六、未来研究展望

两年多来，我们每一位同幼人历经课题研究的每一个阶段，共同致力于研究提升幼儿逻辑思维水平的有效方法，着力构建幼儿逻辑思维水平的指标要素，从生活、运动、游戏、学习四大方面探索提升幼儿逻辑思维水平的行动路径并形成了相关经验总结，幼儿在此过程中提高了自主探究能力和逻辑思维能力，教师们则在研究实施过程中更深入了解到幼儿思维发展的规律，教学实践水平也得到了很大提升。

如今，虽然我们的课题研究已经收尾，但是我们更为清晰地认识到，逻辑思维特色项目的结束并不代表我们对于提升幼儿逻辑思维能力的探索研究已经走到尽头。相反，我们依然可以看到，在实践与探索过程中存在诸多不足，如我们的逻辑思维观察指标不够优化，教师观察解读幼儿逻辑思维行为的能力有待提高，我们的逻辑思维研究成果有待推广实施等。故在未来，我们将从以下几点入手，完善我们的逻辑思维特色项目。

（一）优化幼儿逻辑思维观察指标

我园在课题研究中已经形成幼儿逻辑思维水平的发展指标，但没有做到优化。我园在未来的研究中，将在指标要素的不同层次中加入幼儿的行为，让更多的非专业人士也能够根据幼儿的行为判断幼儿的逻辑思维水平。

如：从某个或者某些具体事物中提升出类概念，幼儿能够用一个标准在许多具体物体中区分出几个子类。（学习分类方法，感知不同分类标准产生不同分类结果。）

幼儿的行为：在区角游戏"娃娃家"中，玲玲扮演的妈妈将水果放入一个碗中，将蔬菜放入另一个碗中。

建构游戏中，豪豪将雪花片按照颜色分类，将红色、绿色、黄色等雪花片分别放置，再进行搭建。

（二）提升教师观察与解读幼儿逻辑思维行为的能力

我园教师对幼儿逻辑思维行为能力的观察与解读能力不够扎实，在未来的研究中将从以下几点出发，提升教师的观察与解读能力。

1. 制订观察计划，增强观察意识

我园职初教师对于幼儿的逻辑思维行为的观察缺乏目的性和计划性，不能在日常随机观察中很快确定观察目的。而观察目的和计划的制订，有助于在日常生活中抓住教育契机，增强教师的观察意识。

而经验型教师对于幼儿的行为有较为明确的观察目标和计划，但同时也要提高在日常随机观察中确定观察目的的能力，熟练运用多种观察方法，对幼儿的逻辑思维行为进行记录和解读。

2. 夯实理论基础，提高解读深度

针对教师缺乏理论基础的特点，我园将开展专题研究，对《3—6岁儿童学习与发展指南》《幼儿园教育指导纲要》等纲领性文件进行学习和领悟，尤其要学习其中有关幼儿身心发展特点及规律的内容，结合《幼儿发展心理学》《核心经验PCK》的学习，将理论知识作为解读幼儿逻辑思维行为的基础。

（三）形成幼儿逻辑思维课程

《幼儿园教育指导纲要》是我们的精神指引，《3—6岁儿童学习与发展指南》为我们的研究指明了方向，我们将全面贯彻和落实这些文件精神，树立科学的学前教育理念和幼儿发展观，致力于培养幼儿逻辑思维能力，提升幼儿思维品质的探索与实践，在实践中积累经验，提炼逻辑思维活动的精神实质，为形成园本化的逻辑思维课程而努力。

玩中有学 以动促思

——在运动游戏中渗透小班幼儿逻辑思维的培养[1]

运动游戏是幼儿游戏的一种形式，其特点是以身体的动作和活动达到快乐的目的，如爬行、踢腿、骑车、跳绳等。在运动游戏中，幼儿不但可以获得运动的乐趣，还可以学习一定的技能。幼儿通过自身积极主动的探索，获得知识的增长与经验的提升；通过已有知识的储备，发展创造性思维。运动游戏活动能有效地丰富幼儿对周围事物的认知，如颜色的辨别、空间方位的知觉、分析判断、数学概念等，幼儿的认知能力在活动中不断提高。运动游戏也为幼儿增加了一个学习机会，促进其语言、创造力、智力、认知能力的发展。而逻辑思维能力是幼儿成长过程中重要的智力因素之一，是智力活动的核心，也是智力结构的核心。因此，在运动游戏中渗透小班幼儿的逻辑思维，不仅可以让幼儿的运动技能得到发展，而且也能有效提升幼儿逻辑思维的发展。

一、开展运动游戏，渗透幼儿逻辑思维

《运动》教参提出，“幼儿园体育活动是幼儿在动作发展与思维活动相结合的过程中来实现其教育目标的”。由此可见，在幼儿的运动过程中，动作的发展离不开幼儿的思维活动，幼儿的思维活动促进动作发展。在发展小班幼儿走、跑、跳跃、投掷、攀登、钻、爬、搬运等基本动作的同时渗透逻辑思维元素，可以让幼儿在运动游戏中发展逻辑思维。

（一）在走、跑、跳中感知“数量”

在小班初期，我们会较多练习幼儿走、跑、跳的基本技能。幼儿的运动需要在保持身体平衡的状态下进行，“走、跑、跳”的基本动作技能发展能促进幼儿神经系统和脑功能的完善，是学习其他动作技能的基础，故该动作就显得尤为重要。在幼儿的运动游戏过程中，我们经常让幼儿尝试以角色扮演的方式进行活动，从而增强幼儿的运动兴趣，达到运动技能发展的目标。如，在“走楼梯”的运动游戏中，教师在楼梯两侧贴上“小花猫”和“小花狗”的脚印（上下两个方向）。请幼儿扮演“小花猫”和“小花狗”，在和教师一起走楼梯的过程中，与教师一起数一数小花猫走了几个阶梯，小花狗走了

---

[1] 本文作者：张越，一级教师，同凯幼儿园骨干教师，金山区第八届“明天的导师”工程骨干教师。

几个阶梯。"1，2，3，4，5，小花猫走了5个阶梯……"通过教师的情境创设和语言指导，幼儿在练习双脚灵活交替上下楼梯的动作中，学习到了数概念以及点数的方法，不仅感知到了生活中的数，也体会到了数的有用和有趣。

（二）在投掷中理解"比较"

"比较"是根据具体特征或属性，探寻两种事物或几组事物之间的关系。对小班幼儿的要求是理解有关大小、多少、高矮的概念。如果教师只是用语言或者实物来引导幼儿的话，效果微乎其微；但是如果在运动游戏中，让幼儿自己理解这些概念的话，幼儿往往会自发和自主地学习了。在一次投掷练习中，教师提供了大小不同的纸球以及大小、高低不同的投掷架，让幼儿自主选择投掷材料。玩了一会儿，小小吴跑过来告诉我："老师，我刚刚投中了下面那个洞洞。""你试试看能不能投中上面高的那个洞洞呢？""老师，不行，我试过了，上面高的洞洞太高了，我太矮了投不到。"显然，在幼儿的自主投掷过程中，幼儿发现低的位置比高的位置更加容易投掷，也认识到了自己的身高比较矮适合投低的位置。过了一会儿，一一过来告诉我："张老师，我刚刚投进了两个球，贝贝只投进了一个。""是吗，你真厉害。比一比，今天你们谁投进的球多？"幼儿就是在自发练习投掷的过程中，学会了和同伴一起比较数的多少，久而久之，幼儿能够在不断提高投掷能力的同时，也掌握更多事物之间"比较"的方法。

由此可见，幼儿动作技能的发展可以与逻辑思维的学习与发展有机结合、相互渗透，从而有效促进幼儿身心全面协调发展，这也正体现了《3—6岁儿童学习与发展指南》中所倡导的要"关注幼儿学习与发展的整体性"的基本理念。

二、利用场地材料，引发幼儿逻辑思维

运动游戏的场地和材料是幼儿运动的载体，游戏场地和材料的选择都与幼儿的逻辑思维有着密切的联系。

（一）在运动区域中感受"方位"

滑滑梯、攀登架、悬吊架、爬网等常见的运动器械均有比较固定的位置，幼儿能通过辨别它们的不同位置而感受"方位"的概念。如幼儿玩滑滑梯的时间到了，幼儿问道："老师，我们今天玩什么啊？"教师回答道："今天我们的玩具就在我们小三班前面。""哦，我们今天玩的是滑滑梯。"滑滑梯的位置以及幼儿熟悉的班级的位置是固定的，在这样潜移默化的影响下，幼儿不仅能自己记住每天玩的不同器械，而且感受到了不同的方位。同样，在运动过程中，幼儿也会说"老师，你看我爬得高不高？"或者"老师，我在宝宝前面"等这样的话语。幼儿在固定的运动区域中与同伴进行比较，感知自己的方位。同时，幼儿的粗大动作很多都是通过固定运动器械逐步发展来的，从

不会到会，从不熟练到熟练。然而，幼儿正是在这一步步的发展中受到了逻辑思维的训练。

（二）在运动材料中掌握“规律”

游戏材料与幼儿发展之间存在着一种双向关系，也就是说材料的种类特点能刺激幼儿的思维方式，而幼儿也会根据自己的需求决定对材料的使用方式。圈是常见的运动材料且有多种玩法。幼儿在玩圈时，一开始只是用各种颜色无序排列跳圈，逐渐出现选择一种颜色进行排列后跳圈，接着幼儿会对圈圈进行有规律的排列与跳圈。教师对幼儿排序模式的引导，可以根据幼儿发展过程中所处的水平给出适宜的支持，这比脱离真实情境专门教幼儿集中排列模式，让幼儿单调地进行练习有价值得多。同时，幼儿对于自己排列出来的顺序会更加有兴趣地、身体平稳地双脚连续向前跳了，这一运动技能在幼儿逻辑思维刺激下显得更加有趣更加有意义了。

三、结合运动过程，提升幼儿逻辑思维

运动过程中渗透着幼儿的逻辑思维，因此结合运动过程提升幼儿的逻辑思维是一个重要途径。

（一）在游戏过程中主动“判断”

在幼儿运动游戏过程中，游戏规则的设计是提升幼儿逻辑思维的重要方法之一，在游戏规则设计中渗透着幼儿的逻辑思维。如教师创设“小兔找山洞”的运动游戏情境，教师边念儿歌边做动作。规则是：当兔妈妈说“大灰狼来了”时，小兔分别躲进地上的○、□、△（○表示山洞、△表示山上、□表示家里）中，和兔妈妈一起说说自己藏在了哪里。游戏的规则渗透了幼儿对图形的认知、对事物的分析判断等逻辑思维要素。在规则游戏结束后，教师和幼儿双方都有很大的收获。教师对于幼儿是否了解并掌握游戏规则的情况一目了然，幼儿则学会了对○、□、△三种不同形状的区分以及学会分析与判断的方法。

（二）在游戏过程中尝试“归纳”

运动游戏后的讲评是幼儿表达自我和提升幼儿运动经验的最佳时机，也是厘清游戏中所渗透的逻辑思维的重要时机。在“蚂蚁运粮”的运动游戏中，教师要求幼儿用各种办法钻爬过圈搭成的大小山洞，并将所有的“粮食”（大、中、小不同的沙包）送至大、中、小纸箱内。幼儿在运粮食的过程中，根据自己的粮食大小运至不同的纸箱内。幼儿始终需要记住任务——将所有的粮食全部运回纸箱内，最后趴在或者躺在大小纸箱内过冬。当幼儿将所有的粮食都运回纸箱之后，就是教师与幼儿的讲评时间。教师请幼儿一起来观察三个纸箱，三个纸箱内是否都按照要求放入大、中、小符合的粮食呢？

这时，幼儿很快就能分辨出哪个纸箱里面有不符合要求的“粮食”了，幼儿对于大、中、小三种粮食一目了然，并且巩固了对于大、中、小的认识。如果幼儿在运粮过程中出现错误，同伴与教师通过分享讲评也能及时予以纠正，帮助他们厘清大、中、小的概念，在游戏讲评过程中帮助幼儿归纳逻辑思维。

渗透逻辑思维培养的运动游戏不仅能够让幼儿的动作技能得到发展，而且让幼儿在运动过程中不断思考、分析、判断，主动感知数量、理解比较、感受方位、掌握规律等，真正做到了“动作思维”的发展；同时运动游戏中渗透逻辑思维，有助于培养乐于发现、勇于探索的幼儿，为其终身发展奠定良好的基础。

乐玩思维游戏　畅享思维乐趣

——以思维小游戏为载体提升小班幼儿逻辑思维水平[1]

思维小游戏是指幼儿园以游戏的形式开展的逻辑思维活动，具有游戏的特性、材料的低结构性、易调整性、空间的灵活性。《3—6岁儿童学习与发展指南》指出："幼儿的科学学习是在探究具体事物和解决实际问题中，尝试发现事物间的异同和联系的过程。幼儿在对自然事物的探究和运用数学解决实际生活问题的过程中，不仅获得丰富的感性经验，充分发展形象思维，而且初步尝试归类、排序、判断、推理，逐步发展逻辑思维能力，为其他领域的深入学习奠定基础。"可见，逻辑思维能力的发展是幼儿其他领域深入学习的奠基石，逻辑思维能力的发展对于幼儿的学习至关重要。让幼儿喜欢的游戏和逻辑思维活动相结合，既能保证幼儿的参与兴趣，也能有效提升幼儿的逻辑思维水平。

一、材料的简约性，便于幼儿思维小游戏的开展

（一）自然材料，重在发现与推理

大自然中蕴含着丰富的知识和学习内容，在开展小班幼儿思维小游戏时，我们就充分地利用了大自然的天然条件，让幼儿在寻找、发现、推理的过程中发散思维。在思维小游戏"寻找春天"中，在春暖花开的季节里，我们带着孩子们来到教室外面，让孩子们在幼儿园里找一找春天，从哪里可以看出春天来了。孩子们一下子散开了，有的孩子蹲下身体，在草地里发现小草变绿了；有的孩子踮着脚、探着脑袋寻找着树叶的变化，兴奋地说，"老师老师，你看，树上长出新的树叶了"，"小小的树叶真可爱啊"；还有的孩子看到操场角落里的花儿开了，自己也乐开了花，高兴地欢呼："花儿开了，这里的花儿开了，春天来了。"

（二）现有玩具，重在寻找与归类

小班幼儿从分离焦虑到逐渐喜欢上幼儿园，是因为幼儿园里有很多朋友，还因为幼儿园里有很多玩具。幼儿园里现有的玩具，同样可以用来作为小班幼儿思维小游戏的材料。在开展思维小游戏"图形宝宝找朋友"的时候，我们没有花费很多时间和精力去

[1] 本文作者：倪莉莉，一级教师。

准备各种图形材料，而是直接选用了班级桌面玩具中的材料。这种玩具有不同的形状和颜色，平时幼儿用来连接成项链、手环、头冠等。在图形宝宝找朋友的思维小游戏中教师充分发挥了材料的特性，利用材料的形状和颜色，和幼儿开展游戏。孩子们先找相同颜色的朋友，很快相同颜色的朋友都聚在了一起。接着寻找图形和颜色都相同的朋友，完全相同的朋友碰一碰。最后寻找图形和颜色都不同的朋友，然后和朋友抱一抱。

在此思维小游戏中，幼儿从易到难地寻找图形并进行归类，他们需要找到颜色相同、形状相同的图形，在最后一个环节中幼儿需要考虑两个元素：颜色不同，形状也要不同。幼儿在此游戏中帮助图形宝宝找朋友，为自己的成功感到高兴和快乐。

（三）生活材料，重在建立相关联系

在日常生活中会用到的很多材料和小工具，可以使我们的生活变得更加方便、轻松和美好。比如生活中的勺子、刀叉、纸盒、纸巾很大程度上为我们的生活提供了便捷，但经过教师的巧思妙想，它们却能成为教育活动中不可或缺的有趣材料。

思维小游戏“影子”就使用了生活中常见的用品——餐巾纸。在活动中幼儿观察和推测纸巾的影子，通过撕、揉、捏等行为来改变纸巾的造型，同时观察不断变化的纸巾形态和影子的变化，从而建立物品与影子之间的关联，幼儿对于纸巾影子的变化非常感兴趣。

开展思维小游戏的材料，教师无须准备，只需要根据小班幼儿年龄特点、贴近小班幼儿生活经验，选择常见的、简单的、低结构的材料即可。在开展思维小游戏的时候使用的材料有的是大自然中的事物、有的是幼儿园现有的玩具材料，有的是随手可拿的生活用品，还有的是幼儿和家长一起收集制作的材料等。

二、空间的灵活性，引发幼儿思维小游戏的兴趣

思维小游戏的开展除了在材料的选择上具有简单、常见、低结构的特点外，在空间的选择上也没有太多的限制。既可以是户外空旷的场地，也可以是室内的空间，在空间上也同样做到了灵活。

（一）室内空间：把空间还给幼儿，尽情感知

如果空气质量不好、天气恶劣，我们又可以将思维小游戏搬入室内开展。室内空间也是幼儿开展思维小游戏的场所，我们在活动中做到将活动空间最大化，将空间还给幼儿，所以在开展思维小游戏的时候幼儿同样能够完全地将自己的思维打开，去发现、感知和判断周围的事物。

在室内开展“寻找图形”的思维小游戏时，孩子们在自己活动的各个角落寻找图形。有的孩子说电视机是方形的，有的孩子说空调是方形的，有的孩子说电风扇的圆盘

是圆形的，有的孩子说我们玩的积木里面有三角形的积木，有的孩子跑到午睡室观察后说小床是方形的，有的孩子说厕所间马桶的按钮有圆形，有的孩子观察非常仔细，甚至空调上和电视机上按钮的形状也被他们发现了。

空间开放了，空间的选择灵活了，幼儿不再仅仅局限于某个固定的空间了，因此幼儿探索发现的兴趣就大大地提高了。他们在活动中表现出了非常高的积极性，这非常有利于思维小游戏的顺利开展。

（二）户外空间：尽情游戏，比较判断

一年四季春夏秋冬，风霜雨雪，我们都可以带领幼儿在户外开展思维小游戏。让幼儿喜欢接触大自然，在接触大自然的过程中对周围的事物和现象感兴趣。

春天来临时，开展“寻找春天”的思维小游戏，让幼儿用自己的小眼睛发现春天的脚步。夏天的时候，我们可以结合夏天适合玩水的季节特征，让幼儿尝试使用不同的工具运水，在这样的小游戏中感知用不同的工具运水与运水速度、运水多少之间的关系。晴天的时候，我们和幼儿开展“坐轿子”的思维小游戏，让幼儿和同伴互相抱一抱，一起把小朋友抬起来，在抱一抱同伴、抬一抬轿子的游戏中感知、比较并进行判断哪个朋友重、哪个朋友轻。下雨天，我们鼓励幼儿穿好小雨鞋、小雨衣，感受雨点落下来的速度；分辨雨点落在不同地方发出的不同声音；让幼儿踩一踩水塘，感知脚步踩下去的轻重与雨水溅起的高度之间的关系；或是让幼儿在屋檐下玩一玩接雨水的游戏，给每个孩子一个一次性杯子，让幼儿比一比谁接的雨水多、谁接的雨水少。

图1

图2

幼儿思维小游戏在户外开展，可以是宽阔的场地，可以是有积水的水塘，可以是屋檐下，也可以是幼儿园的某个角落里。户外空间能满足幼儿活泼好动的天性，给幼儿更多的空间、更开阔的视野，让幼儿有更多的发现。在户外“寻找春天”中，幼儿通过观察发现并推测判断春天的到来；在“坐轿子”的小游戏中通过比较来判断谁重谁轻；

在玩接雨水后比较雨水的多和少。这些思维小游戏使幼儿在更加轻松自由、开放式的空间中通过感知、判断、比较分析等活动来提升幼儿的逻辑思维水平。

三、重构教师角色框架，保证幼儿思维小游戏的效果

教师在活动中的角色富有多元性和灵动性，教师支持的态度、开放的姿态，善于倾听幼儿、鼓励幼儿、激发幼儿的习惯等，都是实施思维小游戏发展幼儿逻辑思维能力的重要因素。

（一）观察者、倾听者的角色，助推思维小游戏的开展

教师要了解幼儿及其行为背后的意义，首先要学会观察幼儿，在活动中不妨碍幼儿活动，不影响幼儿探索。让幼儿在活动中根据自身的发展特点，以自己的生活经验和学习节奏去发现周围的事物。

在思维小游戏“风车转起来”的活动中，教师给每个幼儿一个风车，让幼儿想办法使风车转起来。有的幼儿拿着风车高高举起，让风吹动风车转起来；有的幼儿举着风车晃动小手，脸上露出了开心的笑容；有的幼儿拿着风车奔跑起来，看到快速转动的风车兴奋不已；还有的幼儿嘟着小嘴很努力地吹动风车，看到风车转起来了也是一脸的高兴。

幼儿让风车转起来的方法各不相同。他们以各自的生活经验，用各自的办法让风车转动起来。教师此时在活动中是观察者和倾听者，观察着不同的幼儿是用何种方法让风车转起来的，是尝试使用不同的方法，还是坚持使用同一种方法。教师又是活动的倾听者，倾听着孩子们活动中的发现、倾听着他们的喜悦。

（二）支持者的角色，促进幼儿思维小游戏的持续

教师在观察和倾听每一个幼儿的行为和想法之后，要以支持性的态度充当幼儿活动背后的扶持者。教师支持性的态度能有效地激发幼儿主动参与活动的兴趣，提高幼儿主动思考的能力。

在“小花园”主题开展的时候，我们举行了“绿头发”的思维小游戏，幼儿脱了鞋子、袜子，踩在草地上，体会光脚踩在草地上的感觉和穿了袜子、穿了鞋子后感觉的区别，光脚踩在草地上和光脚踩在没有小草的路边也是不一样的。活动一开始，孩子们都充满了新奇感，光着脚在草地上走得很开心，有的孩子说小草凉凉的，有的孩子说小脚痒痒的，有的孩子说能够感觉到脚底的泥土有点不平。当孩子们一直在同一个地方光着脚踩小草，渐渐失去兴趣时，教师轻轻地对他们说：“宝贝们，这里的小草朋友很多哦，你们可以来这里走一走试试看。”孩子们走到长着密密小草的地方一下子高兴地说：“好舒服呀，走在这里小脚不会疼。”“真舒服，小草在亲我的小脚呢。”还有的孩子

图3

图4

高兴地一会儿在密密的草地上走，一会儿在旁边稀疏的草地上走，感受着不同密度草地带来的不一样的感觉。

当幼儿在同一片草地上感受着光脚踩小草并且渐渐失去兴趣的时候，教师请幼儿走一走不同密度的草地，引导幼儿在不同密度的草地上通过亲身体会来判断小脚踩在不同地方的不同感受。教师用一句话支持了幼儿继续活动，激发了幼儿继续感知的兴趣。

（三）推进者的角色，帮助幼儿深入探索与思考

小班幼儿由于年龄小、生活经验缺乏、认知经验不足以及幼儿之间的个体差异等，在活动过程中往往会出现停滞不前、无法继续进行的状况。在这种情况下，教师就需要作为活动的推进者，帮助幼儿推动活动的开展，使幼儿在活动中能够深入地探索与发现。

在开展思维小游戏“转起来”时，我们借助了幼儿园的木质积木，有长方形的，有圆柱形的，有半圆形的等各种形状，让幼儿尝试转动不同形状的积木，通过感知，比较不同形状的物体哪种容易转起来、哪种不容易转起来，同时感知积木转动速度与积木形状之间的关系。活动中，俊俊执着地一直拿着一块半圆形的积木转动，试图让它转起来，但是由于他是将半圆形直线的一边着地，所以无法转动。此时教师走过来轻轻地对俊俊说：“俊俊，你试试用不同的方法放在地上。”于是俊俊将半圆形积木有弧度的一面放在地上转积木，积木就转起来了。看到俊俊转动的是同一块积木，于是教师问俊俊：“俊俊，你能找到比它转起来更快的积木吗？其他形状的积木你也去试一试。”俊俊看到旁边的心怡用了圆形的积木，于是也去拿了块圆形的积木，这下俊俊一下子激动地叫起来：“老师，我找到了。”

当俊俊执着于一种方法、一种形状积木的转动时，在教师的提问和引导下俊俊找到了让半圆形积木转起来的方法，而且通过尝试让不同形状积木转起来，比较发现了不

图5

图6

图7

同形状积木转动的速度不一样。教师的提问推动了俊俊进一步探索和发现，并对自己的探索发现进行比较，得出了结论。

我们在开展思维小游戏的时候，发现思维小游戏不仅材料简单、方便、随手可取，而且空间限制较小，在材料和空间上都具有非常高的灵活性，同时经过教师的有效指导，突出幼儿的主体地位，教师引导幼儿与环境中的人、事、物产生交互作用。让幼儿在游戏中不仅体验快乐的情绪，更重要的是同时可以在游戏中培养幼儿的观察能力、感知能力、交往能力等，通过游戏中的感知与感受，尝试进行比较、判断、分析等逻辑思维活动，促进幼儿逻辑思维水平的发展与提升。

作为游戏的一种形式，思维小游戏在促进幼儿逻辑思维发展方面有着重要意义。在“以游戏为基本活动”的大背景下，思维小游戏会受到更多的关注和重视，我们将继续深入挖掘和研究幼儿思维小游戏的内容与实施，将有价值的思维小游戏整理成册并加以推广，让更多的幼儿在思维小游戏中提高逻辑思维能力，为今后的学习生活奠定良好的基础。

借助绘本之力　开启思维之门

——在绘本教学中提升幼儿逻辑思维水平的探索[1]

逻辑思维能力是幼儿智力活动能力的核心，也是智力结构的核心，发展幼儿的逻辑思维水平不仅是幼儿认识事物、感知世界的过程与需求，更是在促进其他领域的发展中起到重要的推进作用。幼儿逻辑思维能力培养可有机渗透在健康、语言、科学、社会和艺术等方面教育教学活动中。近年来，绘本因其童趣夸张的画面和简洁的语句而盛行，成为最适合幼儿阅读的图画书。教师可充分挖掘绘本中科学探究、数学、音乐等方面的元素，将其用于幼儿园各类教学活动中。借助绘本进行的教学活动，有助于激发幼儿对思维活动的兴趣与热情，有助于提升幼儿的逻辑思维能力。

一、借助绘本元素，激活幼儿思维

绘本，即图画书，顾名思义就是“画出来的书”，是指以绘画为主附有少量文字的书籍。绘本中大胆的画面表现、天马行空的故事发展，可以培养幼儿的多元智能，激发幼儿思维。

（一）借绘本，识数字

掌握数字概念，对于幼儿逻辑思维能力的培养非常有益。对于幼儿而言，流利地数数、正确地点数固然重要，但理解数字的概念更为重要。教师要引导幼儿明白每个数字代表的含义、理解数字的用法、学会利用数字进行表达。绘本，可以帮助我们实现这一点。如《好饿的毛毛虫》中，讲述了毛毛虫一周内啃食的食物和数量，毛毛虫星期一啃了1个苹果，星期二啃了2个梨子，星期三啃了3个李子，星期四啃了4个草莓，星期五啃了5个橘子……其中包含了三类数学关键经验。第一种是数量，从1到5的基数，以及个、根、块、条等量词。第二种是时间，一周时间从星期一到星期日并循环。第三种是模式，从1到5的递增模式。通过绘本教学，幼儿对于数字的概念，对于数字在次序、时间、生活中的运用，有了更进一步的了解。

[1] 本文作者：陈燕青，一级教师，上海市金山区第七届、第八届“明天的导师”工程骨干教师，同凯幼儿园教研组组长。

（二）借绘本，知排序

对幼儿而言，排序也是一种基本的逻辑思维能力。幼儿虽然在感官上对物体的区别有所认知，能够看出物体的不同，但是他们在思维上还没有明确的排序概念，不知道按照怎样的标准对物体进行排序。教师可借助绘本教学引导幼儿锻炼排序能力，这同样也是对幼儿逻辑思维能力的一种培养。

教师在绘本教学中可有针对性地选择一些关于排序方面的绘本，在故事背景下，引导幼儿掌握物体从大到小、从长到短、从高到低等排列顺序。《让谁先吃好呢》就是一本关于排序的绘本，书中讲述为了吃到又大又红的桃子，长颈鹿、猴子、犀牛、兔子、毛毛虫等动物根据自己的优势，进行了各种方式排序的故事，帮助幼儿感知长短、高矮、轻重等概念，引导幼儿按照不同的方法进行排序。教师同样可以引导幼儿在生活中进行排序，比如排队的时候按照个子高矮排序，将教室里的玩具按照大小进行排序等，从而提升幼儿的逻辑思维能力。

绘本《嘟嘟睡不着》则带领幼儿探索了按规律排序的奥秘。嘟嘟在散步的途中，帮助蜘蛛阿姨缝拼布，了解了拼布上图案的排列规律；他又遇到了跳绳的小鼹鼠们，在给他们唱歌的时候，了解到了歌词的节奏规律；在与小麻雀一起做体操的时候，了解了动作重复出现的规律。绘本从视觉规律、听觉规律、动作规律三个不同的角度入手，引导幼儿发现规律、了解规律。其实在我们日常生活中，还有很多事物是按照一定规律重复的，如信号灯的变换、时间的流逝、季节的更替等都是如此。此外，浴室的瓷砖、壁纸的花纹、音乐的节奏等，所有按照一定规律反复出现的事物，都可以作为“寻找规律”的素材。

（三）借绘本，试推理

绘本中一幅幅有趣的画面，经过精巧的排列与组合成为充满趣味的故事，而这些画面之间的关联，以及隐藏在图画中的一些小细节，能够有效地培养幼儿观察和判断推理的思维能力。《爷爷一定有办法》一书中，爷爷把孙子的破毯子做成外套，又做成背心、领带、手帕，最后做成了一颗纽扣……布料越变越少的过程中，可以引导幼儿大胆推理，“下一次，爷爷会做什么呢”，“爷爷剪下来的碎布料又去哪儿了呢”，诸如此类的问题，绘本也在最下方“小老鼠的一家”中贴心地给了我们答案。幼儿在零压力的情况下，带着好奇、兴奋的心情，融入绘本的故事情境，并通过有意义的提问和引导，他们的逻辑思考、分析推理能力在逐渐地养成中。

（四）借绘本，辨分类

幼儿的生活是一个五彩斑斓的世界，许多事物虽然看似各不相同，却有着千丝万缕的联系，可以借助多种标准将事物进行分类。教师在引导幼儿进行绘本阅读的过程中，能够锻炼并培养幼儿的分类意识。《小熊一家和吵吵闹闹的怪物们》一书带领幼儿在寻找城堡主人的过程中一起学习了复合分类的方法。绘本中巧妙地隐含了层级分类、观察、比较等数学内容。绘本要求幼儿仔细观察怪物的特征，如长相不同、穿着不同、动作不同，并根据他们的不同特征进行层级分类，最终找出城堡的主人。

绘本中的元素不仅能让幼儿通过绘本提高认知能力、丰富情感体验，更能让幼儿在绘本阅读的过程中潜移默化地学会仔细观察、大胆想象、推理猜测、分析判断……幼儿的逻辑思维在绘本的阅读中得到启发。

二、丰富互动形式，建构思维经验

随着时代的发展，绘本已不仅仅是图画书那么简单，纸质书、电子书、触摸书、立体书、语音书等层出不穷，绘本的呈现形式日渐多样化。绘本的发展形势，让绘本与幼儿之间的互动充满了无限可能。教师可充分挖掘绘本的价值，探索与绘本内容相关的延伸活动，让绘本不再局限于阅读，而是通过多种形式的互动，建构幼儿的逻辑思维经验。

（一）“看”绘本，助观察

阅读纸质绘本，观察是重点。绘本中的画面往往蕴含着许多小“线索”，幼儿能够通过仔细的观察来理解绘本的内涵，并尝试推理故事的发展情节。绘本《我爸爸》《我妈妈》中，无论爸爸妈妈变身成为哪一个角色，妈妈的身上总有衣服上的花朵图案，爸爸的身上总有着他的格子上衣，这是整本绘本的线索。而书中还有着象征妈妈的爱心和象征爸爸的太阳图案，它们一再以不同的面貌出现在每个画面中，象征着爸爸妈妈的爱。在幼儿阅读的过程中，教师可以引导幼儿找一找隐藏在图画中的秘密，发现其中的关联。幼儿在探寻答案的过程中，仔细地观察画面，关注画面的细节之处，沿着线索进行猜想，从而提高幼儿观察的细致性、概括性。

（二）“听”绘本，促思考

伴随着电子书、有声读物、智能笔的出现，绘本也有了新的“阅读”方式——听。“听”绘本能够锻炼幼儿的注意力，唯有集中注意力，才能通过“听”来理解绘本内容；“听”绘本还能丰富幼儿的想象力，绘本中简练的语言留给幼儿更多的想象空间；“听”绘本更能促进幼儿逻辑思维的发展，绘本故事里的前因后果逐一呈现，幼儿在“听”的过程中不断理清绘本故事里的前因后果，不断想象推测着故事的后续发展……

绘本《猜猜我有多爱你》，“看”和“听”所产生的效果截然不同，“看”绘本的过程中幼儿更多地关注到画面，而“听”能够把注意力集中在大兔子和小兔子的对话上，幼儿可以在听的过程中感知距离的远近，从张开手臂的距离一直到远到月亮的距离，这是一个由近及远逐步递进的过程。幼儿可以在听的过程中大胆想象、猜测，推测故事的发展，更可以学学、说说书中的对话。将听到的内容表现出来，于幼儿而言，也是一个思维提升的过程。幼儿还可以在“听”绘本的基础上，借助于绘本中的故事情境，探索物体的长短、高矮，空间的远近等。

（三）“说”绘本，重表现

在“看”绘本、“听”绘本的基础上，当幼儿了解了绘本的故事内容时，教师可鼓励幼儿大胆地“说”绘本、“演”绘本。说与演的过程不仅能培养幼儿的表达表现能力，更能锻炼幼儿的逻辑思维能力。在“说”的过程中，幼儿要回忆故事中的时间、地点、人物以及故事的起因、经过、结果。这要求幼儿对故事的时间顺序、空间顺序、逻辑顺序等加以关注，并连贯地逐一表现。

此外，教师还可以启发幼儿尝试续编故事，在绘本的关键处或结尾部分留下悬念，引导幼儿根据自己的思路和推理把故事编完。这也是一个推理的过程，幼儿通常会编出许多迥异的结尾，它们不乏想象却又合情合理。在讲故事、编故事、演故事、玩故事的过程中，幼儿学习独立思考、组织语言，体验用语言和肢体动作的不同表达方式，发展自我创造力。

（四）“摸”绘本，亲探索

在绘本的原有样式下，教师更可以把它拆开、分解、再制作，将其变为可触摸式的、富有操作性的绘本与游戏材料的融合体，让幼儿在边看、边想、边做的过程中，自主构建逻辑思维体系。尤其是针对一些情节具有明显发展规律的绘本，教师可以将其拆分为单页，引导幼儿在观察画面、推理故事的发展顺序的基础上，将绘本单页连贯起来，形成完整的故事。

另外，对于一些富有操作性的绘本，教师可以将绘本作为幼儿探索的依据。在绘本《摇摇晃晃的桥》中，幼儿对桥两端的轻重非常感兴趣，教师则可以借助于个别化学习中的不同区域，引导幼儿探索、比较不同物体的轻重。在建构区中，教师为幼儿提供各种不同的材料，鼓励幼儿探索用不同的材料搭建出跷跷板一般的独木桥，并探索让独木桥保持平衡的方法。在探索区中，教师可以投放一些与绘本内容相关及延伸的材料，例如各种不同重量的小动物，鼓励幼儿随意摆弄、自由探索，在自主的操作中感受轻重的不同和重量的守恒。

培养幼儿的逻辑思维能力至关重要，它关系着幼儿各方面能力的发展。作为幼儿教师，我们要利用一日生活的各个环节来加强对幼儿逻辑思维能力的培养，而绘本教学是其中一个行之有效的渠道。我们可以综合利用各种不同的绘本，从锻炼幼儿逻辑思维的角度去解读，真正做到借助绘本之力，开启幼儿逻辑思维之门，切实培养幼儿的逻辑思维能力。

玩转导图　启智思维

——借助思维导图培养中班幼儿“类”的逻辑思维能力[1]

逻辑思维是思维的一种高级形式，是人脑的一种理性活动。逻辑思维的特点是以抽象的概念、判断和推理作为思维的基本形式，以分析、综合、比较、抽象、概括和具体化作为思维的基本过程，揭露事物的本质特征和规律性联系。4—5岁幼儿的思维特点是以具体形象思维为主，他们往往借助形象或表象进行思维。“类”是一个极为重要的逻辑概念，是由某种或某些共同特征的事物所组成的集合。因此，帮助幼儿形成“类”的概念，既是幼儿科学领域核心经验的重要内容，更是增强幼儿逻辑思维能力的一个基本环节。

1970年，英国的著名学者东尼·博赞发明了思维导图，它是一种应用于记忆、学习、思考等的思维“地图”。思维导图主要通过形象、生动的绘画方式将抽象复杂的思维过程变成能够看得见的线条、颜色、形状等具体的再现画面，幼儿在感受抽象概念的过程中学会去分析、整理和反思自我。将思维导图与幼儿园一日活动中的各环节紧密联结，借助玩转思维导图培养中班幼儿“类”的逻辑思维能力，开启幼儿智慧之门。

一、在班级自然角与思维导图的触碰中培养幼儿“类”概念形成能力

自然角是幼儿认识大自然、探索动植物生长变化的窗口，它为幼儿提供了接触、观察、管理的机会，在班级自然角与思维导图的触碰中培养中班幼儿类概念形成的能力，提升幼儿对科学探究活动的兴趣和愿望。

（一）玩转导图，感知类概念

思维导图可以有效地激发幼儿对于事物的探索能力，为幼儿认识、表现、表达提供一定的媒介物，只需教师给予一些支持，幼儿就能在小小的自然角里玩转导图，感知类概念。

春天，万物苏醒，班级自然角亦是如此。如何让自然角生机盎然？自然角里可以放些什么？怎么布置呢？幼儿之间开始讨论，有的说可以养一些动物，比如金鱼、龙虾、螃蟹……也有的幼儿说要养一些花，让我们的教室变得更美。他们的“小宇宙”爆

[1] 本文作者：胡维娜，一级教师，同凯幼儿园教研组组长，同凯幼儿园骨干教师。

发，说着各种动植物。于是，教师在自然角里提供气泡图（见图1），幼儿在气泡图上记录着他们的各种想法。最终，经过记录、分析、讨论，幼儿知道了在我们的自然角里养些什么植物和动物是比较适合的。在这个过程中，幼儿感知并理解了植物和动物的概念。

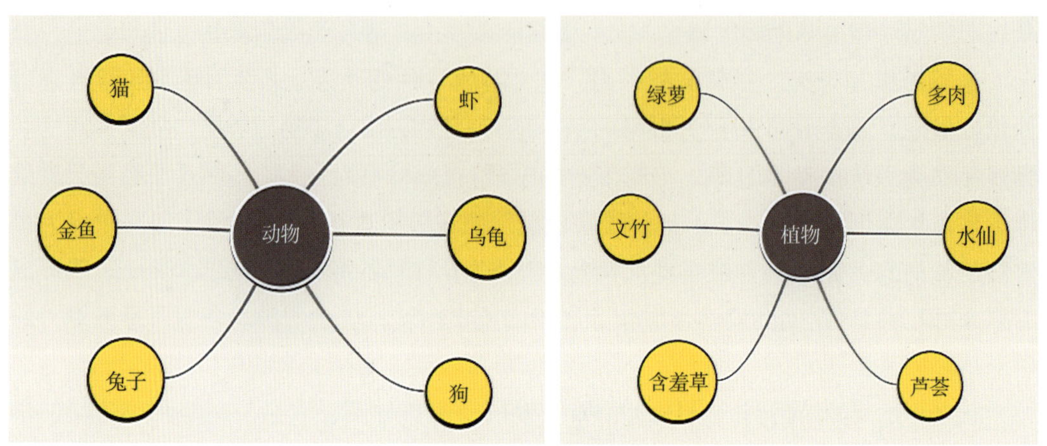

图1 动植物气泡图

幼儿形成类概念的过程是循序渐进的过程。幼儿讨论在自然角放些什么时，在教师的引导下利用思维导图提出某个类概念。小小的自然角里有着大智慧，自然角与思维导图的无形触碰提高了幼儿类概念能力的形成。

（二）玩转导图，理解类概念

思维导图可以帮助幼儿理解类概念。幼儿喜欢动植物是一种本能，在幼儿探究动植物的过程中，教师要尊重幼儿的自主探究，并始终以一个观察者、旁观者的身份给予幼儿支持。

第二天，自然角里陆陆续续来了一些小动物。小A带来了一只乌龟，小B带来了两条金鱼，小C带来了几只蚕宝宝，还有龙虾、泥鳅、螃蟹等，自然角里瞬间热闹非凡。在这段时间里，他们时不时地去观察、谈论这些小动物："金鱼、龙虾、泥鳅……它们是生活在水里的。蚕宝宝不能碰到水哦，不然它们就活不下去了。"基于幼儿对这些动物的外部特征、生活习性等的了解，教师在自然角里提供气泡图（见图2），幼儿根据自己的经验将小动物们进行分类，在分类的过程中理解类的概念，如昆虫、水生动物和爬行动物等。

幼儿的思维具有"泛灵论"，在他们眼中，这些动物都是一个个鲜活的生命，是他们的朋友，和他们有着一样的生命。玩转气泡图帮助幼儿了解动物的分类，掌握了昆

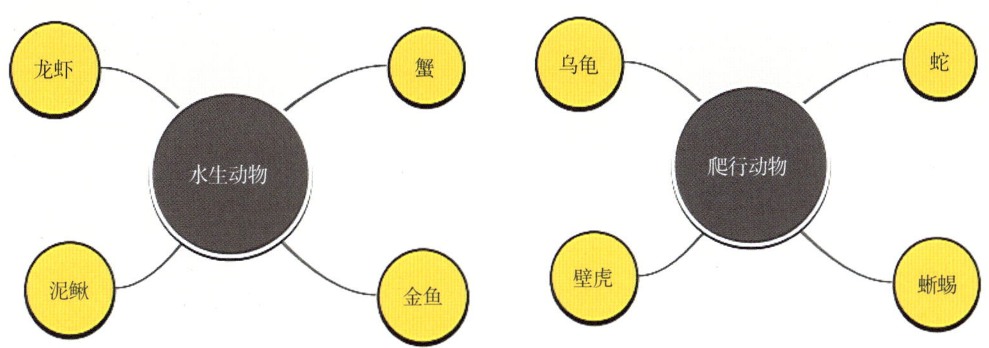

图2 动物分类气泡图

虫、爬行动物、水生动物等类概念。思维导图使抽象的事物与概念变得具体形象，符合中班幼儿的思维发展特点。

二、在主题活动与思维导图的融合中培养幼儿的分类能力

幼儿园的主题活动是一种研究型的课程，是幼儿围绕一个主题进行自主观察、探索周围现象和事物，教师适时适度地予以支持和引导的一种系列活动。教师根据课程、传统节日和社区资源开展幼儿感兴趣的主题活动。幼儿喜欢用自己的思维去绘画，在活动开展前后，如果幼儿运用思维导图对一个主题进行深入的研究、分析与总结，他们便能从中主动获取主题内、外的相关知识，又能培养幼儿的分类能力。

（一）玩转导图，明确主题

教师结合主题开展一系列活动，活动中教师通过利用思维导图明确主题，激发幼儿学习的积极性，促进幼儿分类能力的提升。

在开展三八节主题活动“我为妈妈买礼物”时，在幼儿去超市购物前，教师让他们以思维导图的方式列出采购清单。教师利用圆圈图（见图3）的形式以“礼物”为核心主题，让幼儿在周围画上自己想要为妈妈买的礼物。这样一来，所有幼儿想买的礼物都以图画的形式呈现在大家面前，一目了然。

图3 “礼物”圆圈图

根据一些事物的共同特征而把这些事物归成一个“类”——礼物，并且形成一个“类”的概念，是建立在比较、分析、抽象和概括的基础上的。每一个类概念，都需要用一定的词语来表达。所以在培养幼儿类概念形成能力的过程中，幼儿思考并表达出想给妈妈采购的礼物是极其重要的。圆圈图可用来定义一件事或一个物体，使幼儿对核心主题的认识更加明确。借助思维导图更是让幼儿的思维“看得见”，符合中班幼儿以具体形象思维为主的思维特点。

（二）玩转导图，尝试分类

分类能力就是把相同或者具有某一方面共同特征或属性的东西归并在一起的逻辑思维能力。它是建立在分析、比较和抽象能力的基础上的。思维导图图文并茂，把各级主题的关系用相互隶属与相关的层级图表现出来，把主题关键词与图像、颜色等建立记忆链接。

来到超市里，幼儿拿着手里的采购单迫不及待地想去采购礼物。这时，小A说道：“我想给妈妈买洗面奶，可是在哪里呢？”小B说：“我想给妈妈买一支笔，我找了很久没找到。”他们寻求教师的帮助，教师指着图示引导幼儿根据图示找物品，他们也发现了：原来，超市里的物品是分类摆放的。如果知道要买的礼物是哪一类的，那么找起来就方便了。回到教室里，教师利用树状图（见图4）将物品分为生活用品、学习用品、食品，再和幼儿一起探讨妈妈的礼物中哪些是生活用品、哪些是学习用品，再根据礼物的不同功能、不同属性进行分类。

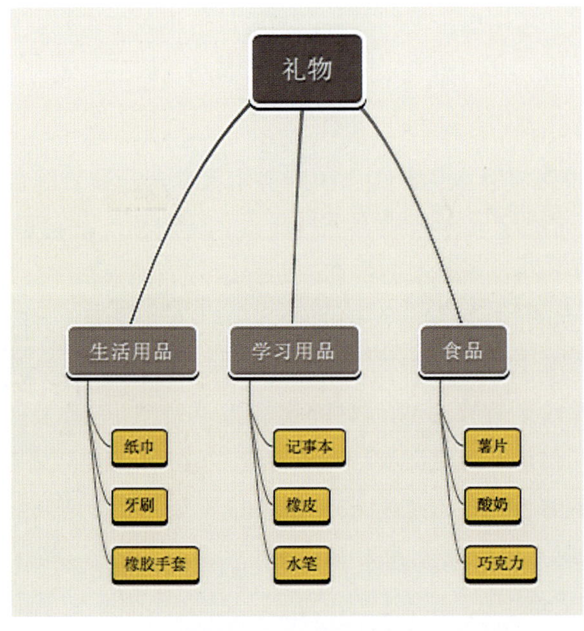

图4 “礼物”树状图

在分类时，幼儿把物体一个个加以区分，并且进行相互比较，撇开不同的东西，把握共同的东西，并把一个个相同的东西归并在一起。教师引导幼儿将妈妈的礼物进行分类，这一过程中幼儿首先要了解分类的标准，再对每一个物品的属性加以区分，最后用思维导图进行记录。教师结合主题开展一系列活动，在主题活动与思维导图的巧妙融合中促进幼儿分类能力的提高。

三、在班级环境与思维导图的衔接中培养幼儿的类包含思维能力

（一）玩转导图，主题环境中感受类包含

瑞吉欧教育理念强调，“空间具有教育内涵”。幼儿的思维天真烂漫，主题墙应该成为展示幼儿思维的重要场所。而逻辑思维性更强的主题墙内容更能够激发幼儿学习的兴趣，带动他们进行更多的思考和学习。思维导图在主题环境中的呈现能更好地发挥其重要的教育价值，在无痕的教育中培养幼儿的类包含思维能力。

在中班主题“常见的用具”的主题墙创设中，教师和幼儿共同创设以“常见的用具”为核心主题的括号图（见图5），帮助幼儿理清事物之间的包含关系。教师将幼儿收集而来的一些工具图片、实物进行初步分类，形成“清洁用具”“测量用具”“学习用具”“维修用具”“厨房用具”等，幼儿根据自己的思考进行分类摆放，在通过与主题墙的不断互动中提升幼儿“类”的逻辑思维能力。

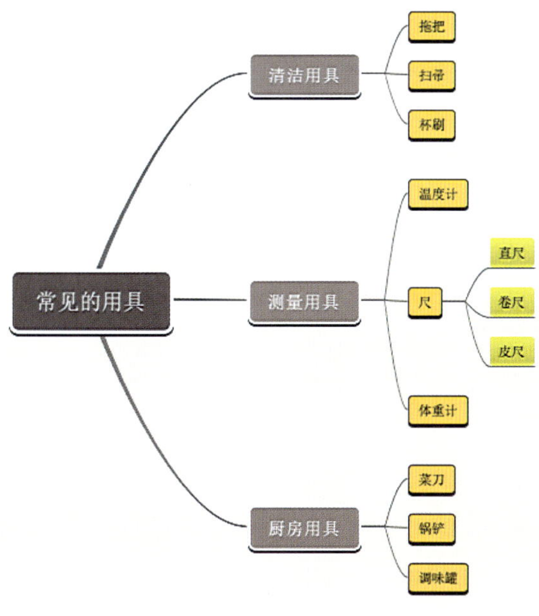

图5　“常见的用具”括号图

识别“类包含”，实质上就是要在相关的类概念之间区别出属与种的关系，或者是区别出类与子类的关系。如“常见的用具”是属概念或者是类，“清洁工具”“测量工具”等是种概念或者子类。其实主题中的很多内容都能以思维导图的形式呈现在主题墙中，又如在“身体的秘密”主题中，身体由哪些部分组成？用括号图来表示整体与局部的关系，帮助幼儿理解类包含的关系。多样的思维导图呈现在主题墙中，久而久之，幼儿的逻辑更清晰、思维更缜密。

（二）玩转导图，生活环境中呈现类包含

生活中蕴含着取之不尽的教育资源。教师巧妙地把教育内容隐含在环境中、生活中，让幼儿通过与环境、人、物的互动中感知、模仿、体验、实践，耳濡目染，潜移默化。幼儿一日生活中处处蕴含着逻辑思维元素，如果教师将生活环境与思维导图巧妙地衔接，在培养幼儿良好的生活习惯的同时激发幼儿的逻辑思维能力。

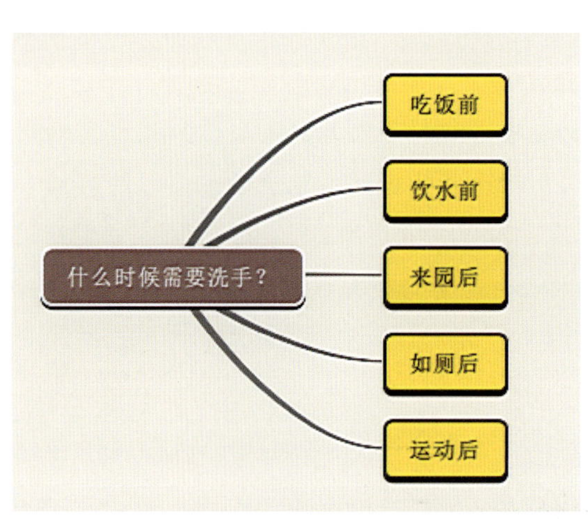

图6 “什么时候需要洗手”括号图

在创设盥洗室文化时，教师和幼儿共同讨论“什么时候需要洗手”，通过交流分享，幼儿知道饭前要洗手、饮水前要洗手、运动后要洗手、如厕后要洗手、来园后要洗手等，教师利用括号图（见图6）将幼儿讨论的结果绘制下来（也可让幼儿进行绘制），并贴于盥洗室内。

幼儿对图形的理解是天生的。生活环境中的思维导图能增强幼儿思维的条理性，帮助幼儿充分理解与记忆所要养成的生活习惯。当一个问题经过理性思维的梳理后，会变得简单化、规律化。幼儿在绘制思维导图时，通过思考正确地判断出什么时候需要洗手，这一过程中幼儿对事物的理解和概括能力尤为重要。生活环境与思维导图的融合，让幼儿的思维变得更有组织、更清晰、更有条理。

俗话说：“千言万语不及一张图。”思维导图能够通过形象、生动的绘画方式呈现在幼儿的眼前，将抽象化的思维以颜色、线条、形象等形式表现出来，这是借助思维导图培养中班幼儿类的逻辑思维能力的最佳方式。可见，思维导图在培养中班幼儿逻辑思维能力中具有十分重要的意义和作用。

体验音乐魅力　畅启思维活力

——音乐活动中培养中班幼儿逻辑思维能力的探索[1]

音乐活动对促进幼儿认知发展和逻辑思维能力提升具有重要作用。中班阶段幼儿的逻辑思维能力发展，主要有三个特点：一是幼儿已能够较为熟练地完成简单的动作模仿和对外界事物的直接观察和比较；二是幼儿对外部事物已具有基础性的经验记忆，已形成一定的形象思维，并能够在头脑里较为熟练地进行反应判断和分析综合；三是幼儿能够在一定程度上进行抽象和概括，思考也更具有灵活性、新颖性和创造性。无论采取何种音乐活动形式，都要结合中班阶段幼儿的逻辑思维能力发展特点来进行，通过采取符合幼儿认知发展水平的、幼儿感兴趣的、贴近幼儿生活、激发幼儿积极情感的活动形式，让幼儿充分地参与、体验和思考，在获得知识和技能的同时，有效培养和提升幼儿的逻辑思维能力发展水平。

一、“请你跟我这样做”——音乐活动中幼儿观察比较能力的培养

（一）体态律动，引发观察

音乐体态律动通过幼儿的面部表情、手势和身体律动等多种身体的机能活动去表现音乐，幼儿通过观察和模仿音乐律动的动作所表达的情绪和内容，达到诱发律动和心理的共鸣。人的面部表情主要表现为眼、嘴、鼻以及面部肌肉的变化，中班幼儿活泼好动、情感丰富、面部小肌肉动作发展也逐渐成熟，可以通过面部表情来观察他人和表达自己的情绪。中班音乐活动“拉拉勾”中，第一段“你也生气了，我也生气了，不理不睬，不理不睬……”幼儿面部表现出生气的情绪，嘟起小嘴、吸起鼻子、瞪大眼睛等，都是生气的情绪。在第二段歌词中“你伸小指头，我伸小指头，拉拉勾……”幼儿表现出开心的情绪，嘴角上翘、眼睛眯眯笑等均是表达愉快的情绪。另外，除了面部表情的律动，幼儿还可以运用不同的肢体动作表现音乐律动，根据节奏的变化，做不同的手势。如生气时小手叉腰或者双手交叉抱胸、头往斜上方倾抬，开心时双手前伸做拉手状、身体左右摇摆等。体态律动与音乐元素的结合使幼儿真切地感受到音乐的丰富与乐趣，幼儿在观察模仿不同音乐旋律、不同歌词的过程中，也在不断提高自身的观察比较

[1] 本文作者：李艳，一级教师，同凯幼儿园教科研组组长。

能力，活跃了思维。

（三）节奏朗诵，促发理解

音乐的节奏与语言的节奏有着密切的联系，将歌词按照节奏进行朗诵，是培养幼儿节奏感的重要途径，同时也对幼儿记忆、分析和理解歌词起到重要作用。活动中选择使用的儿歌的歌词内容要形象鲜明而且符合儿童特征，如动物、植物、大自然的描写等，文字内容体现出生动有趣的意味，歌词押韵、朗朗上口、容易记忆。幼儿通过这些记忆与再现完成对事物逻辑关系的理解。音乐活动“秋天”，歌曲朗朗上口，节奏感强。根据对歌词的记忆、对音乐旋律的分析，幼儿可以练习节奏，引发参与活动的兴趣。提供给幼儿不同的打击乐器铃鼓、双响筒、三角铁等，还有简单易懂的节奏图谱，图谱中可以用生动形象的绿叶作节拍。大叶子是一拍，两个小叶子是一拍，两个小叶子敲节奏要快一点，大叶子敲节奏可以稍微慢一点。这种节奏练习的游戏可以请两个孩子合作，也可以小组形式来进行。孩子们在击打节奏的过程中不但要记忆歌词，还要对大叶子与小叶子所代表的节拍进行分析，既可以享受到击打乐器带来的乐趣，还体验到了成功的快感。节奏朗诵练习不仅能帮助幼儿逐步掌握乐器演奏的一般知识和技能，发展幼儿的节奏感，而且能促进幼儿对音乐中的力度、音高的思考和理解，同时对歌曲有了记忆再现，提高了幼儿对歌曲的兴趣，还培养幼儿基本的合作意识和能力，为幼儿提供一个对音乐要素的视觉和动觉的体验。

二、“我们大家一起做”——音乐活动中幼儿分析综合能力的培养

（一）音乐口令，触发分析

音乐有着强弱、旋律、音调的变化，幼儿在倾听和感知不同强弱音调和旋律的音乐过程中，同时也触发了幼儿对这段音乐的分析。幼儿可通过倾听一段特定的音乐进行一日生活常规的自我管理：节奏较慢的、减缓的、柔和的音乐，能够为幼儿的整理动作提供充足的时间，它也适合幼儿午餐、午睡和离园时，为幼儿提供一个放松的状态；节奏较快的、愉悦的、欢快的音乐，可作为各个环节的过渡型动作音乐，也可作为自由活动、集体教学活动、运动、如厕活动等各个环节的过渡音乐，提醒幼儿注意两个活动之间的过渡时间。因此，此类的音乐口令是幼儿对音乐的另一种体验方式。它利用节奏和旋律让幼儿体会音乐的一些特性或变化，从而去积极地完成生活常规的自我管理，浸润于幼儿的一日活动当中。另外，幼儿在听取和分析不同节奏音乐的过程中，也亲身体验和总结出不同的口令要求，提升了幼儿的分析能力。

（二）音乐游戏，激发判断

《幼儿园教育指导纲要》强调“寓教育于生活、游戏中”。音乐活动中融入游戏的

元素，能够增加幼儿的学习体验，充分发挥幼儿在学习当中的主动性与主体性，从而提高音乐教学的效果。创设音乐思维小游戏还可以增加幼儿的兴趣，在游戏中幼儿既获得快乐体验，也对歌曲有了更深层次的理解和判断。例如音乐活动“鼓上的小米粒”，教师创设音乐游戏“我是鼓，你是米粒”，地板代表鼓，全体幼儿蹲在“鼓”上，个别幼儿扮演敲鼓的人，部分幼儿扮演米粒，边游戏边唱。敲鼓的人用脚踩地板，或快或慢，或重或轻，扮演米粒的幼儿做出相应的动作。当然，也可以变换米粒跳动的地方和敲鼓的人等。幼儿在边唱边玩中做出及时判断、总结经验，敲得重跳得高，敲得轻跳得低。又例如音乐活动“小松鼠找松果”中开展音乐游戏，部分幼儿学习“松鼠”的舞蹈动作，跟着音乐跳舞。部分幼儿扮演“松树爷爷”：站直、手举高、风吹来摇一摇。教师随时发出指令牌，如红色牌代表找一棵女生“松树”，黄色牌代表找一棵男生“松树”，幼儿看到指令牌，便去寻找一棵“松树爷爷”，观察孩子们的反应和判断能力。这种游戏化的音乐教学，通过教师的指令安排，可以促使幼儿对外界刺激做出快速、正确的回应，不断提升幼儿反应的灵敏度。此外，幼儿可以结合游戏中设置的情境自由发挥，自主做出游戏判断，进而有效锻炼幼儿的逻辑思维能力。这些音乐思维小游戏可以作为音乐教学的有效辅助手段，在调动幼儿兴趣的同时，活动参与的积极性也会大大提高。

三、“你来说说怎么做”——音乐活动中幼儿抽象概括能力的培养

（一）歌曲欣赏，导发想象

音乐以其特有的美感激发人的想象，这是由音乐的特性和独特魅力所决定的。在音乐活动中首先要能充分发挥幼儿的主动性，同时具有一定的启发性，做到既不干预幼儿主观能动性的发挥，又能引发幼儿新旧经验的联想，引导幼儿自己主动去分析、理解和想象，并能用语言表达出歌曲所要传达出的魅力。在音乐活动“春雨沙沙”的欣赏活动片段中，教师可以使用趣味性言语引导幼儿，如“请敞开你的心扉，去感受这段美妙的旋律吧”，幼儿在自由、放松的状态下静心聆听，感受音乐的魅力。幼儿在倾听中感受春雨沙沙的意境，想象种子在轻声地聊天，慢慢地出土、发芽、长大。美妙的歌曲欣赏，让幼儿在丰富多彩的精神世界中“突发奇想”，还有可能遇到意想不到的“惊喜”。歌曲欣赏引发幼儿的想象，让幼儿在自由轻松的倾听氛围中理解音乐、想象意境，幼儿乐在其中，思维在想象中徜徉，表达出的情境也是多样的，音乐的魅力浸润于心田。

（二）趣味创编，启发创造

创编动作是幼儿的天性。当幼儿要表达自己的思想、情感时，创造性思维的萌芽就已开始显现。教师要鼓励幼儿运用其动作、语言等把内心的情感创造性地表达出来。中班幼儿想象力丰富新奇，能够根据歌词创编出更多的动作。音乐活动“小手歌”中，

幼儿可用两只小手分别做雨点、雨伞、太阳、蝴蝶、山、蜘蛛、小船、枕头，这些事物都是幼儿所熟知的，更愿意去创编它们的动作，边唱边做动作。很多幼儿对同一事物创编出不同的动作，如幼儿创编小山的动作，有的双手举过头顶，指尖合并，做出高高的山顶模样；有的头抬高，双手平举张开，像拥抱大山的样子；有的幼儿用双手做波浪状……创编中幼儿积极探索创造性的音乐表现方式，促进了幼儿对音乐的理解与创造。幼儿在创编的过程中积极思考创新，为音乐活动增添了许多乐趣。歌唱与动作相结合，可以促进歌唱的学习，也可以促进幼儿创造思维的发展。此外，除动作创编以外，教师还可以引导幼儿进行歌词创编，充分发挥幼儿的创造力。歌曲《爸爸本领大》，歌词中唱到“我的爸爸本领大，本呀本领大，什么事情都会做，都呀都会做，他会……”。幼儿可以把爸爸的本领创编出来，“他会修电视、他会修电脑、他会做饭、他会开车……”爸爸会做的事情被编进歌词里，在创编的过程中享受快乐。幼儿在动作、歌词创编的思考过程中，能够充分体会音乐旋律的变化，畅想于歌词形象的描绘中，充分感受和体验音乐的魅力，同时进一步提升自身的逻辑思维能力。

教师针对幼儿认知发展水平，积极开展集体验性与情感性于一身，融自主性与创造性为一体的音乐活动，能够让幼儿充分地体验到参与和思考的乐趣，在愉快的学习中自主地获得知识和技能。通过音乐活动，唤醒幼儿内在的音乐审美体验，强化师幼、幼幼间的生活联系和情感互动，营造轻松、自由的学习氛围，提供自由、想象的体验空间，有效促进幼儿观察、分析、想象、理解、判断、创造等逻辑思维能力的全面发展，从而有效培养和提升幼儿潜在的逻辑思维水平。

动态调整　助推思变

——大班幼儿数活动中操作材料调整策略[1]

皮亚杰提出“儿童的智慧源于操作”，儿童是在对材料的操作、摆弄的过程中建构自己的认知结构的。我们可以较为直观地看到：在幼儿数活动中，材料是幼儿活动的主体，选择与幼儿年龄特点、经验、认知能力相适宜的材料，能直接影响幼儿探究的兴趣。幼儿在对材料直接感知和具体操作摆弄中，不断地开动脑筋、积极思考、主动探究，在与材料相互作用的过程中，不断地对自己提出新的挑战，全身心地投入其中，通过观察、分析、判断、比较、归纳、排序等不同方式方法进行探索。因此，操作材料是数活动中不可或缺的重要部分。

一、大班数活动中材料投放的现状

通过观察发现，在大班数活动中存在操作材料投放的多种问题，这些问题导致幼儿无法长时间保持探究的兴趣，幼儿的思维能力无法得到持续性的发展。

（一）材料投放的层次性缺失，导致思维的局限性

表现在教师投放一些材料时，往往投放的材料比较单一、玩法比较简单，幼儿的思维往往被局限，部分幼儿在摆弄玩具过后就对材料失去了兴趣，不想继续玩，导致幼儿的思维发展得不到满足。

（二）材料投放的多样性缺失，限制思维的创造性

教师把一些操作材料投放给幼儿，过程只有重复没有变化。材料不具有探索性，幼儿的活动意愿被材料所左右，实现不了自主探究、自我建构，从而限制幼儿创造性思维的发展。

（三）材料投放的生活性缺失，阻碍思维的整合性

幼儿的数活动与生活相关联，有时教师在投放操作材料时，往往会忽略这一点，投放一些色彩艳丽、颜值高的材料，但我们观察发现，这些操作材料虽夺人眼球，但幼儿摆弄几次就放弃了。究其原因是这些材料远离了幼儿的生活，幼儿对于这些并不熟悉的材料会逐渐失去玩的乐趣。

---

[1] 本文作者：阮漪清，二级教师。

二、大班数活动中操作材料调整策略

在活动中，幼儿的发展会受到综合因素的影响，因而材料投放过程不能一成不变，而应始终顺应幼儿的发展，处于动态变化的过程中。教师在材料调整中要有一定的策略，让幼儿感觉自身处在“无师”之境，幼儿会拥有更多自我决定、自由选择、主动参与的机会。教师根据观察到的幼儿的行为，再做出及时的调整。

（一）针对性调整，让材料“说话”，促发幼儿的观察分析

针对性调整是指通过观察幼儿摆弄操作材料及与材料的互动中，分析出幼儿已达到的现有水平，对材料进行针对性调整，从而促进幼儿观察分析能力的提升。

纽曼和霍尔兹曼认为，由于游戏创造着儿童的最近发展区，学习发生在相关的、有意义的情境中，因此教师可以通过不同的游戏环境、资源和游戏机会来创造儿童的最近发展区。大班活动“植树九宫格”，最先给幼儿投放了一个九宫格，两人游戏，执棋双方各选一种树形棋，轮流将树“种”在九宫格内。任意一方横向、纵向、斜向联通三个为胜。杰杰在与同伴的对弈中，很快就联通了三个，取得了胜利，玩了几次的杰杰对植树九宫格失去了兴趣。针对性调整策略是，升级九宫格，让九宫格从9格变成27格，同样双方对弈，任意一方横向、纵向、斜向同时连成两条线为胜。杰杰对升级九宫格兴趣浓厚，在一次活动中，杰杰约上辰辰一起尝试升级九宫格，很快杰杰和辰辰都能连成一条线，对于第二条线，他们两个经过多次尝试才连成。通过观察幼儿的第一次操作，教师发现幼儿用现有的经验可以快速分析九宫格棋局，判断出下棋的路线，教师由此可知植树九宫格的操作材料对于幼儿过于简单，不仅远远没有达到幼儿的最近发展区，还没有提升幼儿观察分析的能力。升级九宫格变化出了更为复杂多变的棋路，幼儿需长时间观察棋路的变化，从而分析出下棋的路线，判断出最优的下棋方位。

针对性调整，通过幼儿与材料的互动，不仅提升了幼儿的观察能力，还培养了幼儿的分析推理能力，进一步激发幼儿的数形思维。

针对性调整，让不同水平的幼儿在“跳一跳，摘到桃子”的同时，也满足了幼儿数形思维发展的需要。根据幼儿的发展，及时调整，学着认同、顺应孩子。

（二）开放性调整，让材料“激学”，触发幼儿的判断比较

开放性调整是指幼儿在操作材料时，通过开放性调整，材料可以激发幼儿进一步探索的兴趣，继而触发幼儿的判断比较能力。

著名教育家杜威说过，探索是儿童的本能，好问、好探索是儿童与生俱来的特点。幼儿对周围事物和现象有着与生俱来的好奇心和探索欲望，并以自己的方式与周围世界相互作用。投放一成不变、单一的材料使幼儿无法与操作材料产生动态性的互动，幼儿

将无法获得多种能力的发展和各种经验的积累。开放性材料不止一种用途，可以根据自己的想法自由发挥、自主创造。因此，教师在投放材料时要考虑材料的低结构性，而在调整材料时更要进行开放性调整，以引发幼儿自主探索。

大班数活动“量一量”中，提供给幼儿的是绳子，在为幼儿量身高时，教师发现个别幼儿的身高比绳子还高，幼儿就无法准确判断自己的身高，也无法比较同伴之间的身高。开放性调整：提供给幼儿不同类别的材料，如牛奶盒、积木，幼儿在量身高时，可以选取适宜的材料进行测量，用牛奶盒测量天天的身高比成成的多了一个牛奶盒，这是用相同材料对不同人进行的测量；而天天的身高用牛奶盒测量的数量比用积木测量的数量多，这是用不同材料对相同人进行的测量。教师观察幼儿的第一次操作，发现由于材料的单一，幼儿不能清晰判断自己的身高，也不能比较同伴之间的身高。经过一次调整，我们投放了适宜的低结构材料，判断比较不同维度的身高测量，可以用不同材料对同一个人进行测量，也可以用相同材料对不同人进行比较。

开放性调整，选取适宜的低结构材料，通过不同维度的测量，进一步触发幼儿的多元判断比较的能力。

教育来源于生活，而低结构材料更适合幼儿操作，幼儿在与低结构材料互动的过程中没有局限性，幼儿可以凭借自己的经验、思维能力、充分的想象力，赋予材料独特的意义。而开放性的调整，更能引发幼儿思维自主探索。

（三）延伸性调整，让材料“启思”，提高幼儿的归纳排序

延伸性调整是指幼儿在探索材料的过程中，增加辅助材料，启发幼儿深入思考，从而提高幼儿的归纳排序能力。

《3—6岁儿童学习与发展指南（解读）》指出：“儿童有着与生俱来的好奇心和探究欲望。好奇、好问、好探究是幼儿的年龄特点。大自然的真实和生活中有趣的现象是幼儿科学探究的生动内容，激发幼儿探究兴趣，体验探究过程，发展初步的探究能力是幼儿科学学习的核心。”

给小金鱼换水时，幼儿对于两个不同大小、不同形状的容器产生了疑问，他们讨论两个容器哪个容器装水比较多的问题，小牛说：“矮矮的鱼缸装水多。”哥哥说：“高高的鱼缸装水多。”基于这样的疑问，教师设计了关于水的小实验，为幼儿提供两个相同的量杯，请小牛和哥哥注入相同的水量，再请他们把水分别倒入两个空鱼缸，发现两个鱼缸的水位发生了变化，高高的鱼缸水位很高，矮矮的鱼缸水位却不高，哥哥就说：“高高的鱼缸里水更多。”小牛却说：“不对，两个鱼缸里的水是一样多的。”小牛于是尝试把两个鱼缸的水再一次倒入量杯中，对哥哥说：“你看，它们是一样的。”在第一次尝试过后，哥哥和小牛从鱼缸实验中获得了水实验的经验，初步感知了容量守恒。随着幼儿探究经验的丰富，教师提供各种不同大小的瓶子作为实验的辅助，再一次延伸了活

动，让幼儿试着再一次倒水，寻找“水一样多吗”的答案，或尝试将瓶子按照水量由多到少的顺序排序。

从鱼缸引发的一次有关“水的多少”的思考到后来如何寻找“水是一样多吗”的答案，材料从鱼缸到不同大小的瓶子，添加辅助材料让幼儿在倒水的过程中，通过反复操作与实验，逐步积累有关容量守恒和归纳排序的经验，为形成初步的守恒概念打下基础。为幼儿提供辅助材料，启发幼儿关于材料的思考，从而促进幼儿思维深入发展。

数活动中操作材料的一次次调整是为了满足不同思维水平幼儿的需求，通过幼儿多次与材料的互动，让教师更有的放矢地进行调整，针对不同幼儿的发展水平，提供更加开放的低结构材料。材料和辅助材料的有机结合，能更加有效地提升幼儿数形思维的能力。

构建教育“微平台” 培养逻辑思维力

——在幼儿园“微教育”中培养幼儿的逻辑思维能力[1]

我们不难发现，生活中处处有逻辑思维的元素存在，幼儿一日生活中亦是如此：幼儿“来园几件事”（先后逻辑），幼儿点名（数量、统计），玩具整理（归类），同伴间比身高（比较、判断）……综观这些能力都与幼儿逻辑思维息息相关。而逻辑思维能力是指“正确、合理思考的能力，即对事物进行观察、比较、分析、综合、抽象、概括、判断、推理的能力，采用科学的逻辑方法，准确而有条理地表达自己思维过程的能力”。幼儿一日生活皆教育，幼儿的思维源于生活、根植于生活、服务于生活，因此培养幼儿抽象逻辑思维能力最好的途径是在幼儿的生活中“润物细无声”式的渗透。

在幼儿一日生活中有许多的“微生活”时刻，它是幼儿一日活动中的生活小环节，也是各环节的衔接时刻，还是幼儿日常的生成时刻、闲暇时刻。这些生活时刻虽时间不长，却是幼儿每天必不可少的生活。而在这些“微生活”中蕴含着培养幼儿逻辑思维能力的教育契机，教师可通过合理的安排，从幼儿生活经验和已有知识能力出发，引导幼儿去观察、思考、探究，用“微”生活激活思维、用“新”思维优化生活。

一、“微生活”中的思维激活

幼儿是在生活的过程中观察、思考、学习并积累经验认识世界的，在幼儿一日“微生活”中蕴含着许多培养幼儿逻辑思维能力的契机，教师要善于把握这些契机，引导幼儿去观察、比较、思考，推进幼儿逻辑思维能力的提升。

（一）关注生活逻辑性

很多教师认为生活活动不就是培养幼儿良好的生活习惯和学习习惯吗？的确如此，但如果教师能仔细观察、用心思考就会发现，在幼儿洗手、用餐、午睡等“微生活”中处处凸显着生活的逻辑性。如果教师能基于幼儿的年龄特点，引导幼儿在日常生活中注重观察、比较、思考，激活幼儿的逻辑思维，定能助推幼儿良好行为习惯的养成。如要

---

[1] 本文作者：王雷雷，高级教师，同凯幼儿园副园长，金山区第八届“明天的导师”工程学科导师。

让小班幼儿掌握洗手步骤，对教师来说是一件富有挑战的事情。教师们想尽办法，也会在盥洗室的洗手盆前粘贴洗手步骤的提示标识。很多幼儿在园时确实会边看边洗手，可是当幼儿离开幼儿园，或外出或回家后他们是否还能正确洗手呢？其实洗手步骤就是洗手的一个顺序，是一种生活逻辑。教师们可以把步骤图片（1. 卷起小袖子；2. 湿湿小手手；3. 摸摸小香皂；4. 搓搓手心背；5. 冲冲小手手；6. 关紧水龙头）打印出来，投放于区域之中，引导幼儿去给“洗手”图片排排队。由于“洗手”材料来源于幼儿生活，幼儿在排序的过程中能结合自身的实践去回忆、去思考，在动手操作的过程中，逐渐理解与掌握“洗手”的步骤。这样的过程既是幼儿观察、比较、判断的思维过程，更是幼儿养成正确洗手的有效途径。其实幼儿生活中有很多这样的生活小环节，教师只要用心梳理，就可以帮助幼儿去感知生活中各种事物的有序性，从而引导幼儿去发现过程中的规律，逐步培养幼儿合理安排自己生活的能力。

（二）引发思维互动性

幼儿期思维发展的趋势是从直觉行动思维向具体形象思维发展，抽象逻辑思维尚处于萌芽状态。主要表现在四个阶段，即实物操作—语言表达—图像把握—符号把握，从而建立相关的知识结构。这也说明幼儿逻辑思维能力的培养必须由具体到抽象、由低级到高级逐步过渡，需要教师在生活中经常与幼儿进行互动，引导幼儿巩固、练习，有针对性地渗透与整合逻辑思维能力，才能推进幼儿建立事物间的关联性，从而促进幼儿深入思考与探究。中、大班幼儿已经具有一定的归纳、总结意识，一天有哪些活动、一个活动之后接下来是什么环节，幼儿会用自己的经验推算、判断。很多幼儿园的中、大班的教室里会有“幼儿一日生活”的环境布置，大致包括时间及与此相对应的活动图片。其实幼儿园课程非常丰富，幼儿的作息也不是一成不变的，比如升旗仪式、每月的远足活动、外出的主题活动、学校的开放活动等都会涉及幼儿作息的调整。因此，教师在创设“幼儿一日生活”环境时可以引用图片插入式的动态方式，当幼儿作息需要调整时，教师可以引导幼儿思考“哪个活动时间有调整了”“什么活动替代了哪个环节”“你觉得如何安排这些活动时间更合理”。其中的过程与问题都会涉及排序、替代、判断等逻辑思维，引导幼儿在观察的基础上进行综合分析，当幼儿达成共识时引导幼儿用绘画的方式对调整的活动内容进行补充或替换。在这样的过程中，幼儿的思维得到了激发，幼儿对调整的活动有了更好的预知，主人翁意识也得到了发展，幼儿的自主性在这样的活动中得到了充分的体现。在这一过程中，我们会发现幼儿对其作息的认识是长期的感知、比较与内化积累而成的。“幼儿一日活动”图示的创设帮助幼儿直观地了解自己在园的一日安排，而动态的作息调整，能帮助幼儿不断地去思考一日活动中“微调”的合理性和可行性，从而促进幼儿合理安排自己生活的能力。

二、“微环节”中的思维激趣

在幼儿一日生活中有很多环节与环节之间的衔接时刻，这些“微环节”时刻由于时间较短、内容日常而琐碎，往往不被列入“幼儿园一日作息时间”之中，因此经常被教师所忽视。如果教师能梳理传统过渡环节，以幼儿成长需要为出发点，最大限度地挖掘“微环节”与逻辑思维能力发展的链接点，就能发挥“微环节”的教育价值。

（一）体现趣味性

幼儿的年龄特点决定了游戏是幼儿园基本的活动形式，因此幼儿逻辑思维能力的培养离不开幼儿生活中的事物，离不开幼儿生活的场景，更离不开运用游戏的方式进行开展。有趣味的游戏形式是引起幼儿参与兴趣、激发幼儿思维、促进幼儿感受活动乐趣的行之有效的方法。

在幼儿生活中每天都有一个微环节——点名。在此环节中，教师可以结合幼儿的年龄特点，组织各种激发幼儿思维的点名小游戏。小班幼儿对动物很感兴趣，可以开展“学小动物叫声”的游戏。当教师叫到幼儿名字时，幼儿可以学一种小动物的叫声应答，这就要求幼儿对“动物”这一概念有认识与理解，再去思考某一动物与叫声的匹配。这样的点名不仅可以提高幼儿对点名的兴趣，更能激发幼儿思考并选择自己喜欢的动物叫声回应教师，在游戏中幼儿还可以倾听到不同的动物叫声，随机渗透了幼儿对动物叫声的认识。中班可开展“开火车”的点名游戏，从1号幼儿开始报数到最后学号，在这一过程中让幼儿学会倾听、回应，学习唱数。“开火车”报数结束后，教师还可以引发幼儿思考：“今天的火车断了几次？断在哪个数字处？”“缺了几个小朋友？”教师的提问可引导幼儿去关注和思考唱数的过程，帮助幼儿回忆和梳理有关信息进行分析与判断，从而使幼儿学会倾听、学会关注、学会思考。大班幼儿则可以请“小老师”进行点名，也可按分小组的方式进行点名，通过值日生关注组内幼儿的来园情况进行汇报并最后汇总。这样既发展了幼儿的观察能力，又在汇总的过程中，对来园幼儿和未来园幼儿进行计数。由此看出在点名这样的“微环节”中，教师要挖掘逻辑思维的元素，运用有趣的游戏、有效的方法组织开展，不仅能使原本单一、枯燥的点名环节充满乐趣，还能在“点名”过程中培养幼儿逻辑思维品质。

（二）善用启发性

在活动中教师的支持很重要，一个眼神、一个动作、一个提问都能给予幼儿启发、思考与讨论，特别是中、大班幼儿有了一定的知识经验，他们爱思考、爱表达，在相互的碰撞中互助、学习。因此，教师要结合幼儿的生活，营造促进幼儿讨论与交流的氛围，用启发性的语言调动幼儿思维，从而促进幼儿逻辑思维能力的提升。幼儿午餐前的

“微广播”是对幼儿进行餐前介绍的小环节，看似与逻辑思维无多大关联的环节，只要教师用心挖掘，就能找到有价值的切入点。在大班“有用的植物”主题活动中有“哪些部位最好吃”的知识点，生活在城市中的幼儿对蔬菜的生长不是很了解，在主题活动开展中教师可以结合午餐组织幼儿介绍“今天吃什么蔬菜”“吃的是蔬菜的哪个部位”“还有哪些蔬菜也是吃根、茎或者叶的”，还可以配备图片加深幼儿对蔬菜的生长过程、特征等方面的了解，激发幼儿吃蔬菜的欲望。生活中蕴含了很多的逻辑思维元素，只要教师用心关注这些环节、把握这些元素，在基于幼儿年龄特点的基础上，组织幼儿观察、讨论，引发幼儿思考，激发幼儿表达，帮助幼儿梳理问题及提升经验，幼儿的思维就会被激发，能力就会得到有效提升。

三、“微时刻”中的思维激创

（一）凸显多变性

在幼儿一日生活中，由于幼儿之间个体差异，同一活动幼儿完成的时间和速度存在较大差异性，而各环节之间的衔接也会存在衔接上的时间差，在时间差形成的“微时刻”中，我们发现幼儿是自主的、自由的，也正是这样的自由给了幼儿更多思考与创造的空间，只要教师给予适宜的支持，定能激发幼儿思维的火花。每天的午操，教师通常会提前几分钟带幼儿到达操场站位准备，而很多教师都会固定幼儿的排队，一个学期甚至一年都会让幼儿站在同一点子上，在等待的时间内幼儿无所事事，站在点子上不能随意移动，幼儿对这样的站位没一点新鲜感。其实只要教师能有一点改变，有一点要求，去变化幼儿站点子的位置，就能激发幼儿去大胆尝试、积极思考。如可以让幼儿按规律排序站位，一个男孩、一个女孩，或者两个男孩、两个女孩；可以按照教师要求第一竖排9个人、第二竖排10人、第三排竖排12人；还可以告诉幼儿今天一共来了几个人，排成四排每排可以排几个人，让幼儿试一试、站一站、数一数。还可以让幼儿说一说昨天你的前面是谁、后面是谁，大班可以区分左右是谁。在这样的过程中，教师会发现幼儿对午操充满了期待，因为每天幼儿的站位都会有变化，对自己前后左右的同伴是谁充满好奇，在这样的“微时刻”中不仅减少了幼儿等待的枯燥，也更好激发了幼儿参与活动的兴趣，更使幼儿在教师的支持下积极思考，用自己的经验去解决生活中的问题，体验到数的有用、思维的乐趣。幼儿一日生活中不是缺少这样的“微时刻”，而是缺乏发现“微时刻”价值的教师，作为教师一定要用敏锐的视角去挖掘其中的教育元素、逻辑思维元素，通过教师的引导、启发，通过教师的语言和动作支持，给予幼儿观察、思考、发现问题、解决问题的机会，使幼儿在师幼互动、同伴互动中拓展逻辑思维能力、创新逻辑思维品质，从而促进幼儿逻辑思维的发展。

（二）赋予挑战性

随着年龄的增长，幼儿的理解能力、表达能力不断增强，他们爱学、好问，有极强的求知欲望和好胜心。幼儿往往对那些低结构的、多变的、富有挑战性的活动感兴趣。在幼儿"微生活"中，一次不经意的发现、一个富有挑战的提问都能激发幼儿的思维碰撞，促使幼儿不断地挑战新的难度。在散步过程中，幼儿看到马路上开过的车，总会情不自禁地嚷嚷，"我刚看到2辆公交车开过了"，"我看到3辆电瓶车开过了"……孩子们对经过什么车辆、数量多少产生了兴趣。于是教师抛出具有挑战性的问题支持："你有什么好办法能记录开过什么车？有几辆？"幼儿结合自身的经验想了很多的方法，有的说，用笔记录下来，经过一辆车就写一个"1"，最后加起来就是开过车的数量；有的幼儿说，经过小轿车画○、卡车画△、公交车画☆，这样就能知道经过的是什么车了；还有的幼儿说，几个人合作，有人负责数小轿车、有人负责数卡车、有人负责数公交车……一次最寻常的饭后散步、一个富有挑战的问题互动，激发了幼儿对于记录车辆的兴趣。在实践中幼儿不断地思考，比较、优化着自己的方法，幼儿从单一思考到全面关注，思维不断拓展与优化。

四、"微主题"中的思维激发

（一）注重渗透性

幼儿园经常会结合课程、传统节日、社区资源，开展形式多样、内容丰富的主题活动，而这样的活动基于幼儿的兴趣、来源于幼儿生活，备受幼儿喜爱，在这样的活动中蕴含着诸多与生活有关的知识、逻辑，教师若能充分挖掘主题后面的逻辑思维元素，不仅能助推主题活动深入开展，还能在活动中渗透逻辑思维培养。组织大班幼儿在三八节来临之际开展"购礼物 送妈妈"活动，在活动之前教师可以先确定购物金额（如每位幼儿十元），再引导幼儿制订"购物计划书"，幼儿可以利用已有的生活经验进行购物设想，或去超市做调查了解物品价格。这一过程不仅培养了幼儿的计划意识，同时还发展了幼儿计算、组合的能力。在幼儿购物的实践中，幼儿又有价格的比较、替换、组合、连加或连减的能力。而在购物后的交流中，幼儿既要运用逻辑的语言把自己购买的物品表述出来，同时在与同伴的互动交流中也会体验到十元钱购物组合的多样性。感受运用数字解决生活问题的乐趣，从而激发幼儿的思维，培养幼儿积极思考、勇于探究的思维品质。幼儿园中"微主题"的开展在前期的准备上、活动的组织上、形式的创新上都需要教师仔细琢磨、精心策划，充分挖掘主题的逻辑思维元素，与《3—6岁儿童学习与发展指南》目标相结合，在主题中渗透逻辑思维，在思维、创新之下助推主题活动有效开展。

（二）发挥自主性

幼儿是活动的主体，在幼儿逻辑思维能力的培养中，教师的作用应是活动的策划者、活动的组织者、幼儿行为的支持者，要把活动的主动权、决策权交给幼儿，这样才能激发幼儿的兴趣，激活幼儿的思维，让幼儿在活动中大胆想象、拓展思维。从以上“购礼物 送妈妈”的活动中可以看出，购物计划书的制订是幼儿的安排，购物的过程是幼儿的自由选择，购物过程中幼儿对购物计划的调整又是自由的，正是活动中赋予幼儿的自主与自由，使购物后幼儿的表达更显多样性，如有的幼儿用连加的方法表述自己所购物品，有的幼儿用连减的方法讲述十元是如何花完的，还有的幼儿两个两个物品连加得出自己所花的金额，活动中的自主性给予了幼儿更多思维的可能性，幼儿在相互的交流中拓展思路、共同发展。

幼儿教育离不开生活，幼儿逻辑思维的培养亦是如此。只要教师有一双会发现的眼睛，用心去思考、挖掘，就会发现生活中处处都有引发幼儿观察、学习、体验的契机。教师要善于抓住这样的契机，在生活中引导、日常中渗透，积于忽微，定能培养幼儿乐学善思、探索创新的逻辑思维品质。

融合三方之力，重塑幼儿思维品质[1]

逻辑思维是人的一项基本能力，它教人如何正确地思考和表达。皮亚杰的儿童心理认知发展理论指出，3至6岁幼儿正处于“前运算阶段”，可能还没有形成较强的逻辑思维能力。但是这个阶段正是逻辑思维形成的关键时刻，而逻辑思维水平的发展影响着幼儿素质发展和社会化进程的深入，对幼儿逻辑思维的培养，将会对幼儿的发展起奠基性的作用。为此，我园开展以“提升幼儿逻辑思维水平”为着力点，塑造幼儿良好思维品质的研究。在研究的过程中，我园结合“生活即教育，社会即学校”的教育理论，尝试幼儿园、家庭、社区三方合力，使幼儿的逻辑思维活动更生活化、游戏化、常态化。

一、培养幼儿逻辑思维能力的问题现状

在开展实践研究前，我们对家长进行了调研，了解培养幼儿逻辑思维过程中的问题。首先家长都很重视对幼儿进行逻辑思维能力的培养，大多数家长认可在幼儿园开展逻辑思维能力的培养，家长也肯定逻辑思维能力培养对幼儿成长的重要性。但是家长对培养幼儿逻辑思维的内容不熟悉，还有对自己孩子的逻辑思维发展情况不了解等。根据家长的情况，我们总结了存在的主要问题。

（一）理解上的片面

一提到幼儿的教育，家长们想到最多的是“开发智力”，一提到逻辑思维就想到会做多少数学题，美其名曰为了幼儿的将来作准备，现在的幼儿四五岁开始学奥数的不在少数。而人们对于幼儿思维品质培养的认识也有很多误区，比较常见的问题就是认为思维品质就是数概念和运算的能力，错误地认为知识多等于智力好，家长对幼儿思维品质培养的理解不完全正确。

（二）方法上的偏差

从对家长的访谈中发现，家长会为幼儿购买图书上有“逻辑思维”名称的图书，一种方式是让幼儿自己看书进行涂画操作，还有一种方式是家长会和幼儿一起讲讲做做的方式开展学习。但是如何在生活中利用环境，在与幼儿的互动中培养逻辑思维能力的

[1] 本文作者：张丽萍，高级教师，同凯幼儿园园长、党支部书记。

意识很弱。

二、“家园社”合力开展幼儿逻辑思维培养的实践研究

在幼儿教育中，幼儿园作为专门针对3至6岁幼儿的教育机构，《幼儿园工作规程》第五十二条提出了“幼儿园应当主动与幼儿家庭沟通合作，为家长提供科学育儿宣传指导，帮助家长创设良好的家庭教育环境，共同担负教育幼儿的任务”的要求，在幼儿逻辑思维能力培养的过程中，幼儿园积极探索培养方法，同时指导家庭开展相应的教育活动，在幼儿的逻辑思维培养上形成合力。

（一）共识——提升培养幼儿逻辑思维能力的水平

幼儿园在承担起对家庭教育中培养幼儿逻辑思维的指导作用，先要让家长了解幼儿逻辑思维培养目标和内容，我们通过让家长了解幼儿园的教育目标以及活动情况，影响和指导家长的教育活动，同时也提升教师和家长培养幼儿逻辑思维能力的水平。

1. 提高幼儿逻辑思维培养目标的统一性

我们学习了国内外先进的经验和优秀研究成果，特别是南京师范大学出版社的《学前儿童学习与发展核心经验》这套书，并结合《3—6岁儿童学习与发展指南》的要求，尝试从幼儿不同的逻辑思维能力发展来分析，确立了培养幼儿逻辑思维能力的发展指标，使提升幼儿的逻辑思维能力有了具象而直观的培养内容。我们通过不同年龄阶段幼儿的家长会向家长讲解逻辑思维的发展指标，详细地将核心经验分解成不同的发展指标，还通过家长会、家园栏、微信等不同的方式及时向家长介绍和讲解，让每一位教师和家长都能了解不同幼儿的发展目标和培养内容。我们希望家长能在了解的基础上，既不忽视对幼儿进行逻辑思维能力的培养，也要注重因材施教。

2. 体验幼儿逻辑思维活动环境的互动性

一般家庭把3岁的幼儿送入幼儿园之后，家长对幼儿园的教育充满期待和好奇，家长很希望了解幼儿园的各类教育活动。利用这个好奇心，我们在幼儿园的环境创设中，努力创建逻辑思维培养的良好氛围，让家长走进幼儿园，感受环境中的教育氛围，了解幼儿园开展的各类逻辑思维活动。在大厅，我们设计了逻辑思维游戏区，每一月设计一个活动主题，比如认识图形，我们投放各类关于认识图形的活动材料。在走廊墙面上设计可以操作的墙饰和材料，如用搪瓷板在墙面上布置迷宫游戏，幼儿对迷宫游戏有浓厚的兴趣，玩迷宫能发展方向感，还能锻炼空间方位感，而且幼儿观察力、专注力也会不断增强。每天家长和幼儿在来园、离园时间会在走廊、大厅等地方和幼儿一起开展各种操作活动，家长不仅能在和幼儿共同的活动中了解幼儿园开展的逻辑思维培养内容，也能在操作中了解自己孩子的发展情况，会在离园后巩固并开展有针对性的

指导活动。

（二）共育——拓展培养幼儿逻辑思维能力的空间

共育是指共同完成任务的意思，在这里我们主要指在幼儿逻辑思维培养活动过程中，幼儿园、家庭、社区之间要合力开展教育活动，同时承担起培养幼儿逻辑思维能力的任务。

1. 参与式的家园携手

家长可能觉得幼儿一旦开始进入学校，那么教育就是学校的事情，也有家长对幼儿逻辑思维的培养有错误的认知。根据这种情况，我们制定了有教师和家长共同来实施的逻辑思维活动计划。比如我们利用中班主题“我在马路边”，引导幼儿观察马路边的数字，并有兴趣识别这些数字符号的不同用途，在幼儿园开展活动前，我们将任务交给家长，让家长利用每天接送孩子的机会，指导幼儿观察和发现马路边的数字，并能了解这些数字的不同用途。比如，门牌号是为了告诉我们什么？交通信号灯上的数字能告诉我们什么？可以让家长和孩子数数信号灯上的数字，然后走走斑马线，感知数字变化的意义。家长指导幼儿进行简单的记录，然后我们再在幼儿园组织集体学习活动或者个别化学习活动，一起分享自己对马路边数符号的经验，或者利用照片材料以及幼儿的记录纸，在个别化学习活动区域中做“一一对应”的操作活动，巩固幼儿对数符号的认知和区分。家长的参与使幼儿的学习活动形式更丰富，通过现场的体验，幼儿的认知更真实，一对一的指导对幼儿的发展情况更了解，指导更直接。家长和幼儿园教师共同开展的活动远比幼儿园的单打独斗效果好。

2. 体验式的家园社协同

提升幼儿的逻辑思维水平可以提高幼儿的生活质量，也是将来的社会生活所必需的。所以我们坚持让幼儿到实际生活中去，培养幼儿了解生活中各种规则和规律，发现事物间的联系，以及判断事物的对错等各种逻辑思维能力，同时也能养成良好的行为习惯。在社区开展“垃圾分类”活动的时候，我们就组织幼儿去参加，请社区志愿讲解员讲解为什么开展垃圾分类，了解垃圾分类和人们生活之间的关系；我们还组织幼儿现场观看小区的志愿者给我们演示分类垃圾，了解垃圾的不同类别；还让家长指导幼儿扔自己家里的垃圾；观察小区里的爷爷奶奶的垃圾扔得对不对。通过这样的活动，幼儿对垃圾分类有了一个更直观的认识，参与社区开展的垃圾分类活动能培养幼儿自我检索的能力，对幼儿将来的学习有着不可磨灭的作用。垃圾分类活动不仅能培养幼儿良好的生活习惯，也养成幼儿做事严谨的习惯。

三、共享——丰富开展幼儿逻辑思维活动的资源

《幼儿园教育指导纲要（试行）》在总则里提出，“幼儿园应与家庭、社区密切合

作，综合利用各种资源，共同为幼儿的发展创造良好的条件”。幼儿园的逻辑思维培养活动不可以“闭门造车”，要充分利用特定的社会人员、特定的工作场所，丰富幼儿逻辑思维能力培养的方式方法。

（一）人力资源的利用

在幼儿生活的社区有各种各样职业的人员，各行各业人员有着不同的职业行为和职业素养，这些都可以是幼儿了解和学习的重要资源。比如社区中的交通警察，幼儿在观察警察叔叔指挥交通的动作中，了解每一个动作对应的要求，幼儿在模仿活动中学习对应；请警察叔叔来给幼儿们讲交通安全，让幼儿理解因果关系，遵守交通规则、不遵守交通规则和安全之间的关系，让幼儿理解交通安全与人们行为之间的因果关系。由警察叔叔为幼儿讲解这些认知和要求，能大大提高幼儿的学习兴趣，使学习活动更有趣味、更生活化。

（二）物质环境的共享

幼儿园必须对周边的社会资源进行详细的规划，深入了解每一个社会实践场所的信息，确立每一个社会资源对幼儿逻辑思维培养的作用。小区的花园里，花盆的模式、排序、放置，让幼儿去发现模式带来的美感；带幼儿去超市购物，理解钱币上的数符号以及开展数计算活动等。带幼儿到实际生活中，利用周边的物质环境资源，开展培养幼儿逻辑思维能力的活动，能使幼儿的学习活动真正为将来的生活所用，真正体现了“学习为了生活”的意义。

幼儿的发展从来是幼儿园、家庭、社会多方面教育影响力汇合的结果，当家庭、社会与幼儿园教育方向一致时，其效果自然会倍增，反之则会相互削弱甚至抵消。我们将不断探索在幼儿逻辑思维能力培养中“家园社”合作互赢的有效教育模式，从实际生活出发，有效培养幼儿逻辑思维能力，促进思维品质的发展，引导幼儿真正迈向智慧之路。

第二辑

“案”中结“实例”

鲜活的案例记录了幼儿玩中有学、玩中有思的真实过程，实时的反思反映了教师在课题研究中敏锐的洞察力和专业的分析力。教师以智慧与专业解读幼儿的行为，以实践与反思探索提升幼儿逻辑思维水平的路径与方法。"案"中结"实例"，结的不仅是幼儿逻辑思维水平提升的生动案例，更是全体同凯幼儿园教师在研究中的经验总结与智慧凝练。

1 玩转图形 激活思维[1]

《幼儿园教育指导纲要（试行）》明确指出："提供丰富的可操作的材料，为每个幼儿都能运用多种方式进行探索提供活动的条件。"小班幼儿的思维特点是以直觉活动思维为主，其思维离不开自己的动作和实物操作材料。在实践过程中，我们发现幼儿对图形操作材料非常感兴趣，具体表现在图形的名称、造型、组合等。因此，在材料的投放和区角的创设中，我们更加注重运用丰富的图形操作材料，培养他们动手、动脑的好习惯，促使他们在摆弄和操作这些材料中发展逻辑思维能力。

描述与分析：

实录一：图形分家家——"玩"中有"思"

开学初期，教师创设了益智区的学习环境供幼儿进行个别化学习，投放了图形分家家的游戏材料，有三角形、正方形、圆形三种图形，图形的家是卡通的小动物形象（大象家、蜗牛家和小熊家），幼儿需将图形送到相应的动物图形家。游戏材料颜色鲜艳，卡通形象有趣可爱，深深地吸引着幼儿。

个别化学习时间到了，宸宸拉着我的手指着《送动物回家》的材料说："老师，我要玩这个。""你去玩吧，材料在粉色的篮筐里。"说完，他把材料放在桌上，开始摆弄起来。宸宸首先选择了三角形的大象家，他从篮子里选择了三角形将它放在大象家，当他拿到正方形或者圆形时，就将它们放回篮子中，继续挑选三角形放上去。他一个一个从上往下将三角形放在大象家，当他发现放不下时对我说："老师，放不下了。""你可以放在上面的，没关系的。"听了我的建议后，他将三角形继续往上放，大的和大的叠在一起、小的和小的叠在一起。接着，他继续将正方形和圆形的材料也分别放在了其他两个图形上。按照之前的方法，宸宸将图形放满了小动物家后，发现篮子里还有几个多余的三角形、圆形和正方形，于是他放在了相应的图形上。这时，他说："老师，我放完了！"

[1] 本文作者：张越，一级教师，同凯幼儿园骨干教师，金山区第八届"明天的导师"工程骨干教师。

图1

图2

图3

在这次“图形宝宝分家家”活动中，教师让幼儿亲自操作，将不同的图形放入相应的小动物家里。在活动中，宸宸先将图形平铺放到小动物家，接着发现放不下时主动向教师求助，并能将它们按照大小和形状叠在一起，最后还能把多余的图形继续叠在一起，成功地将图形全部正确地送回小动物家里。在整个过程中，宸宸都能投入其中，边想边做，具有初步的逻辑意识。

实录二：图形拼拼乐——“拼”中有“悟”

在幼儿熟悉了图形分家家的活动后，教师投入了新的游戏材料——图形拼拼乐，旨在让幼儿认识不同图形的基础上，根据图卡将不同形状、颜色、大小的图形进行拼搭。

芯芯拿了女孩图形的卡片，寻找与图片一样的形状开始拼搭。一个圆形，两个三角形，芯芯把图形放在了小鱼的卡片上，一个大的三角形和一个小的三角形拼好了。接着，芯芯又拿了一个糖果的图卡，“老师，你看我完成了。”芯芯高兴地叫我看她的作品。完成了两个比较简单的图卡后，芯芯拿了一个比较难的风筝图片。找了好几个图形

图4

图5

后，芯芯终于找到了两个三角形作为风筝的两角。之后，她又拿了一个大的正方形当作风筝的尾巴。摆好后，她发现正方形太大了，马上又拿了两个小的正方形。在不断尝试和更换的过程中，芯芯完成了风筝的拼搭。

我们能看出，芯芯在整个探索的过程中，对拼搭非常感兴趣，并且完成任务的目的性非常强。最重要的是，为了完成拼搭的任务，芯芯能利用不同颜色、大小的图形进行拼搭，能够通过尝试、模仿，体验探索的兴趣和成功的快乐。“图形拼拼乐”的材料在“图形分家家”基础上，幼儿已经不满足于基本图形的认知，而更愿意尝试调整更换，运用比较、拼搭等方法，熟悉图形的特征。

实录三：图形排排队——“学”中有“获”

排序是逻辑思维的一部分，虽然排序对于小班幼儿来说有一定的难度，但是有挑战性的材料更能促进幼儿的发展。

皓皓开始做图形排排队，他拿了一张按形状排队的提示卡。有三角形、圆形、正方形，皓皓直接将形状卡片摆放在了图卡上。接着，他开始摆第二张图卡，摆放了不久，他就将材料收拾了起来。

图6

图7

皓皓对着提示卡给图形排排队，很快就失去了兴趣。小班的幼儿喜欢在游戏中学习，简单的提示卡不能激发幼儿探索的兴趣，皓皓在这个过程中仍旧停留在图形的一一对应上，而没有理解排序的意义。因此，教师通过集体教学活动来引导幼儿理解排序的意义。

“孩子们，今天我们来做圆形宝宝一起排排队吧！”孩子们纷纷高兴地说：“好。”“请圆形宝宝来排队。”很快所有的圆形宝宝过来排成了一排。“看看圆形宝宝有什么不同吗?”“我的圆形是绿色的。”“我的圆形是黄色的。”“对了，圆形宝宝的颜色不同。”“那我们有什么办法让圆形宝宝排出不同的队伍呢?”“一个黄色圆形，一个绿色圆形。”“让我们来试试吧!”孩子们你看看我，我看看你，开始排队。虽然在排队的过程中会有错误出现，但是尝试几次后，在同伴的提醒下孩子们能够按照黄色圆形、绿色圆形的规律排队了。

在原本的材料中，幼儿按照图卡的提示仍旧停留在形状的一一对应的概念上，而对图形排序的概念比较模糊，也很快失去了探索的兴趣。这时教师采取了集体教学活动的方法，将活动目标定为让幼儿理解AB模式的排序。活动中，幼儿自己变成图形宝宝，在排队的过程中感知排序的方法和规律。当幼儿理解排序的概念和规律后，再去使用操作卡，幼儿的兴趣就被激发了，由于提示卡上的难度更大，幼儿面临的挑战性也会更大，逻辑思维的意识也会逐步提升。

启示：

一、创设逻辑思维学习环境，激发幼儿的学习兴趣

在班级中的益智区，我们创设了许多逻辑思维的学习材料，如图形分家家、图形拼拼乐、图形排排队等。环境的创设对幼儿教育的优化产生了积极作用。一方面，幼儿在逻辑思维的学习环境中，对活动材料感到好奇，积极地参与到活动中来，激发了幼儿的兴趣；另一方面，幼儿乐于尝试和探索材料的玩法，潜移默化地激励了幼儿的学习行为，促进幼儿逻辑思维的提升。如在小班初期，结合幼儿喜欢小动物的特点开展图形分家家的活动，让幼儿将图形宝宝送到小动物家中，这是幼儿比较感兴趣的。他们乐意把图形送给小动物，并用自己喜欢的操作方式，如平铺、垒高等。“兴趣是最好的老师”，从幼儿的学习兴趣出发，结合逻辑思维的学习环境，幼儿的逻辑思维得到了发展。

二、提供逻辑思维操作材料，强化幼儿的数学感知

《3—6岁儿童学习与发展指南（解读）》提出 :“感知和操作经验在儿童早期数概念的学习和发展中极为重要，儿童对数学概念的理解首先是在实物操作的水平上表现出来。”玩图形是逻辑思维活动之一，选择一些适合小班幼儿发展水平和兴趣的、与主题目标有关的学习与发展内容作为益智区的游戏材料，利用形状分类、建构、拼搭等符合小班幼儿年龄特点的活动，让他们在形象的活动中感知物体的不同特征，如送图形宝宝回家、图形对对碰、图形排排队等游戏。当幼儿熟练掌握后，可以再增加难度，将不同

的逻辑思维要素结合，逐步将图形分类、排序、组合、一一对应等经验串起来。小班幼儿往往更加容易关注那些可感知的事物特征，为此教师应选择一些和幼儿实际生活有直接联系的、能够引发幼儿积极探索和激发其兴趣的活动，让幼儿在动手操作中亲身感受数活动的魅力，让幼儿的逻辑思维更进一步。

三、转化幼儿学习方式，提升幼儿的思维能力

幼儿逻辑思维能力的培养不仅仅局限于游戏，还要渗透于一日活动之中。案例中，教师根据小班幼儿游戏的推进情况，准确判断集体教学活动的必要性，适时开展相应的教学活动，以更好地推进幼儿的逻辑思维发展。教师根据幼儿的实际发展和需要，制定活动的目标和内容。反过来，幼儿在游戏中积累的一些逻辑经验，也是集体教学活动的重要基础和前提。在组织集体教学活动时，教师融入逻辑思维的要素，强化幼儿的逻辑思维能力训练。如在排序时，幼儿作为图形宝宝来排队，通过自身的排队过程，感知排序的方法并积累排序的经验。

虽然小班幼儿的思维处于具体形象思维阶段，但是随着知识经验的不断丰富、语言的进一步发展，逻辑思维能力的萌芽、发展将会让幼儿的能力得到发展。培养幼儿初步的逻辑思维能力，将知识的获得和思维的建构同步，让幼儿终身受益。

享生活之乐 激生活之智[1]

——探寻小班幼儿生活活动中的逻辑思维教育

《幼儿园教育指导纲要（试行）》在“组织与实施”部分指出，幼儿园教育活动的组织应“寓教育于生活、游戏之中”。特别是小班幼儿年龄小、思维具体形象、注意力易转移，因此活动的组织更应来自幼儿生活，体现游戏性、趣味性。幼儿的生活是通过参与、实践不断获得体验的，也是幼儿不断出现问题、发现问题和解决问题的过程。生活中有许多让幼儿感兴趣的事物、有趣的现象、困惑的问题，他们都会运用已有的经验去发现、去尝试、去解决。当学习内容和幼儿熟悉的生活背景越贴近时，幼儿自觉接纳知识的程度就越高，也就越能激发他们的学习兴趣。生活活动在小班幼儿的一日活动中占有很大比例，如何将逻辑思维的培养与渗透融入幼儿日常生活活动中，我有了更多的思考与尝试。

描述与分析：

一、多变的“点名活动”

【原先的做法】伴随着孩子们陆陆续续地来园，时钟又走到了八点半，我拿起点名册，孩子们了然地说：“要点名啦！”于是，我逐一叫着孩子们的姓名，而孩子们则用一声声“到”来回应我，整个点名活动平淡无奇，草草结束。

我的思考：每天的“点名活动”，从开学初孩子们新奇地大喊“到”，渐渐地成了例行公事，那“点名活动”除了帮助幼儿熟悉同伴的姓名、帮助教师了解幼儿的来园情况以外，它是否还有存在的必要？是否可以利用“点名活动”来培养幼儿的逻辑思维，让平淡无奇的点名变得充满乐趣呢？

【变化后的“点名”】今天在点名之前，我对孩子们提出了一个要求：当老师点到你的名字时，请你说一种你最喜欢吃的水果名称。幼儿对于这样的要求感到陌生又新奇，一些幼儿眉头紧锁，似乎正在思考着……另一些幼儿则胸有成竹，雀跃期盼着……于

[1] 本文作者：陈燕青，一级教师，上海市金山区第七届“明天的导师”工程骨干教师，同凯幼儿园教研组组长。

是，点名开始了。第一个孩子是菲菲，菲菲声音轻轻地说："我喜欢吃苹果。"我立刻肯定她："你说得非常棒，非常完整！"菲菲听了高兴地坐下。第二个孩子是朵朵，她大声地告诉我："我喜欢吃草莓！"就这样，孩子们一个接着一个和同伴一起分享了自己最爱吃的水果，一些孩子还意犹未尽地告诉我："老师，我还喜欢吃……"

启示：变了样的"点名活动"不仅让孩子们充满兴趣，同时锻炼了孩子们的逻辑思维，他们在自己的脑海中不断检索着关于"水果"的关键词。过程中也遇到幼儿回答："我喜欢吃巧克力。"未等我提出异议，其他幼儿已忍不住抗议："巧克力不是水果！"简单的点名活动却考验了幼儿对"水果"的认知和分类。当幼儿熟悉这样的模式后，教师也可以将"水果"更换为"小动物""颜色"等，并可以在此基础上提高要求，让幼儿不能与同伴重复，这样更有助于幼儿知识经验的扩充。或是可以请幼儿模仿小动物的叫声，叫几声表示数字几，培养幼儿对数的概念等。

【"点名"还可以这样】当我拿起点名册，正当孩子们疑惑着今天的"难题"会是什么时，我说："请你找一找，今天谁没有来？"这一下，孩子们立刻炸开了锅，七嘴八舌地说着自己的发现。夏夏说："汤圆没有来！糯米也没有来！"原来，这两位都是坐在她旁边的小朋友。彧彧说："jenny没有来！"原来，这是坐在他对面的小朋友……不一会儿，孩子们就把没来的小朋友全找出来了，于是，我复述着缺席幼儿的姓名，请孩子们数一数，缺了几个人，他们掰着手指数得可认真了。

启示：当幼儿习惯了听到自己的姓名时做出相应的反应，而"找一找缺了谁"却是一种逆向思维。在第一次实践中发现，多数幼儿关注的是自己周围的同伴，他们能够轻易地找出身边或者对面缺了谁，这也体现了小班幼儿的年龄特点，他们更多的是直观的形象思维。逐渐地，他们的观察更仔细了，他们的思维也更敏锐了，他们能够快速地发现班级中缺少的同伴。而我的要求也在逐渐提高中："请你找一找小鸭队缺了谁？""小兔队缺了谁？""女生（男生）缺了谁？"加上了定语的要求在考验幼儿观察力的同时更要求幼儿在一定范围内运用排除法来寻找答案，进一步提升了幼儿的逻辑思维能力。

二、多样的"排队游戏"

背景：班级里日常的座位安排为Π字形，并分为"小兔队""小鸭队"和"老虎队"，每一队有着相应的歌曲，当邀请幼儿时，我们会播放歌曲，或叫他们的队名。而这一天，我是这样做的：

【活动前的分组排队】点名活动后，孩子们要准备吃早点了，他们期待着老师会首先邀请哪一队，而我却说："请今天人最多的一队先吃点心。"听到我的话，孩子们纷纷陷入了思考，奕奕看看自己队，再看看其他两队，立刻说出了自己的答案："小鸭队。"而更多的孩子却在认真地一个一个点数着……于是我请奕奕介绍自己的办法，奕奕边用小手比画着边说："小鸭队的人最多，队伍最长……小兔子和老虎队有点短……"但一些幼儿并不理解他的说法，于是我们又逐一点数每一队的人数进行验证，结果是：小兔队5人，小鸭队9人，老虎队4人。这下，孩子们都肯定地说："小鸭队人最多！"

启示：一个班级中幼儿的能力是有差异的，对于同样的问题，幼儿的思考方式截然不同。能力较强的幼儿会通过观察发现人数少的一排队伍更短，并以此在比较三排队伍长短的基础上得出哪一队人更多的结论。而更多的幼儿选择了最基础的办法：点数后进行多与少的比较，数字间的比较更为直观。在这样的观察与比较中，幼儿的逻辑思维得到了锻炼，隐性的教育也让幼儿更乐于参与、更易于接受。在此后的"排队"中，我还提出了"请女生（男生）最多（少）的一队""请红色（黑色）衣服（鞋子）最多的那一队"等不同要求，引导幼儿仔细观察并进行数量的比较，而对于幼儿而言，每天的排队也犹如闯关游戏一般充满挑战和乐趣。

除了活动前的分组排队，在集体活动中，排队更不可少，例如在运动、散步活动前，而排队的形式也可以更多样化：从简单的先请女生（男生）排队、再请男生（女生）排队，到先请穿红色衣服的小朋友排队、再请穿蓝色衣服的小朋友排队，再到请幼儿以"男—女—男—女"的规律排队……让幼儿在自主体验中自然获得观察分类、"ABAB"模式排序等经验。

三、多元的"整理活动"

幼儿在一日活动中，常常会面临"整理"的难题。于是，开学初我们在教室的各个角落，贴上了各式各样的标识，例如在晨检牌、杯子、小床等处贴上了幼儿的照片，帮助幼儿尽快熟悉自己物品的位置。起初，幼儿在取放杯子时没有意识到拿自己做过标识的物品，经过多次引导之后幼儿有了标识这一概念，知道取放物品时要看清标识。

同时，他们渐渐发现了教室中更多隐藏着的标识。例如，在角色游戏的各个区域里，每一件物品的摆放处都贴有相应的照片，幼儿在整理时会自觉、自发地观察照片上的物品，并做到一一对应摆放。而在图书架、建构材料、美工材料等处，则是使用了形状和颜色对应的标识，来引导幼儿按照特征进行分类并一一对应。

渐渐地，当形状和颜色不再成为难题，当半数幼儿能够轻易完成整理活动了，我悄悄地将班级里的标识进行了调整：在保留一部分颜色和形状对应的标识的基础上，增加了两种标识：不同颜色、形状下的点数对应，动物图形和阴影的对应。这一次，孩子们的表现又会如何呢？

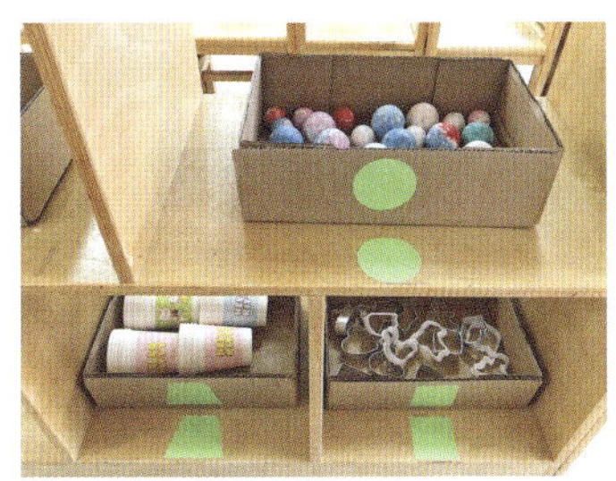

图1

图2

图3

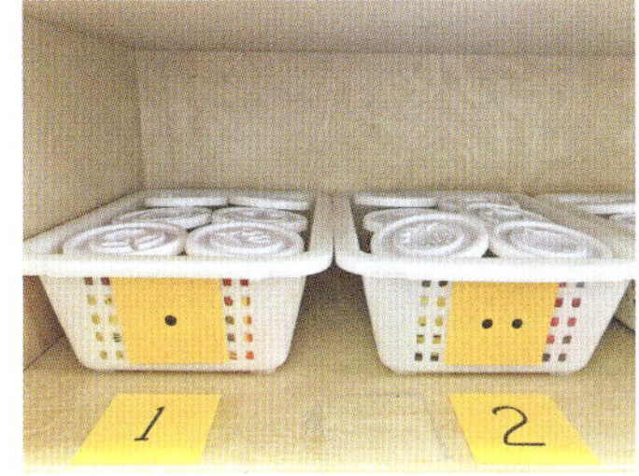

图4

图5

图6

【活动后的整理】个别化活动中，可乐和伊伊选择了益智区的“七色花”材料，当听到整理音乐时，她们迅速将材料放回盒子，然后拿着盒子来到橱柜前，伊伊随手将盒子放在橱柜一处就准备离开，眼尖的可乐立刻叫起来：“不是放这里的！你的盒子是狮子，这里不是狮子！”说着，可乐仔细地在橱柜上寻找着狮子的影子，还不时地拿起盒子将图片进行比对，终于她有了发现：“狮子在这里！”于是，她们一起将狮子盒子的操作材料送回了家。

启示：益智区里原先有“小兔找影子”的操作材料，但幼儿对此兴趣平平。于是我想，能否将“找影子”和整理活动相结合，引导幼儿在整理的过程中进行观察与比较。通过实践发现，这样的标识于幼儿而言是充满乐趣的。他们会自主地运用观察和两两比对的方式来寻找相应的图形，幼儿的能力在无形中得到提升。

而点数对应的标识同样对幼儿提出了挑战，要求幼儿在区分颜色的基础上，通过点数找到相应的数字，锻炼幼儿的分类和点数能力。生活中，常常有幼儿会放错物品，而因为对应的唯一性让后来的幼儿在无处可放时发现前者的错误，同伴间的互助、探索让学习更自主。

在幼儿私人物品的摆放中，我也设置了重重“考验”。例如：在挂衣服区域粘贴了男生女生标识和衣架标识，引导幼儿在挂衣服的过程中自主分类；在书包的摆放区域，粘贴了大、小标识，引导幼儿在比较的过程中学习区分大和小……

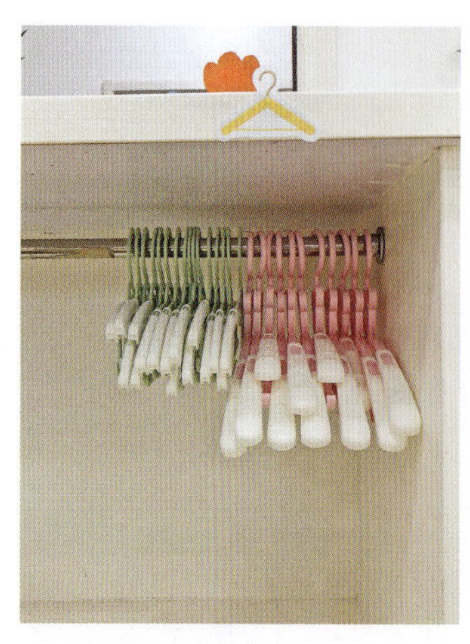

图7

图8

图9

幼儿逻辑思维的培养是一个漫长的、循序渐进的过程,《3—6岁儿童学习与发展指南》指出:“幼儿的学习是以直接经验为基础,在游戏和日常生活中进行的。”教师要善于利用生活中的小细节,“从生活走进逻辑,让逻辑走入生活”。将逻辑思维教育融入幼儿的生活中,可以让幼儿深切地体会到逻辑思维并不是抽象的符号和图形,它与我们的日常生活密不可分,并能让我们的生活变得更加便利。这有助于让幼儿真正爱上逻辑思维训练,而这样自主的探索也能够在他们的头脑中建构属于他们自己的思维体系,为将来的学习打下基础。

记录体验　智慧呈现[1]

马路是孩子们再熟悉不过的环境了，每天上学、放学的必经之路，其中蕴含着许多教育契机，也储藏着孩子们期待发现与探究的问题。马路上来来往往的车辆，最能吸引孩子们的注意力，几乎每个孩子都能对自己感兴趣的车侃侃而谈。如何将孩子们的个体经验提升为集体经验？针对这个问题，我思索着、实践着。结合孩子们的年龄特点，我与孩子们展开了一次“车辆记录”的体验之旅。

描述与分析：

实录一：初次记录——记录喜欢的车辆

午餐后，我让每个孩子准备一张纸和一支笔，孩子们好奇地问我：“老师，这是要干吗呀？”我故作神秘地说：“暂时保密！”带孩子们来到操场上，我问道：“你们喜欢马路上的车吗？”孩子们异口同声地回答：“喜欢！”我追问道：“马路上有些什么车呢？”孩子们说出了马路上各种各样的车。“今天我们把马路上经过的车辆记录下来吧。”轩轩不解地问：“老师，怎么记录呢？”一旁的辰辰说：“可以画下来啊！”孩子们透过栏杆，观察着马路上的车辆，用自己的方法记录着。记录结束了，孩子们看着自己的记录纸，辰辰说：“刚才马路上经过了小轿车、公共汽车、电瓶车，还有三轮车……”源源说：“我看到很多小轿车开过，有红色的，有白色的，还有黑色的。”轩轩接着说道：“我看到的三轮车有三个轮子。”

教师应当顺应幼儿发展，满足幼儿需要。“车辆记录”的初次体验，孩子们表现出了浓厚的兴趣，在整个活动中都积极主动、全情投入。孩子们通过一段时间的观察，记录下了马路上经过的各种车辆，在分享中谈论不同车辆的外形特征和不同车辆在生活中的不同作用。

[1] 本文作者：胡维娜，一级教师，同凯幼儿园教研组组长，同凯幼儿园骨干教师。

实录二：再次记录——记录车辆的数量

经历了第一次的记录，孩子们的兴趣不减，每次户外运动看到马路上的车，总会情不自禁地去看看、说说。“我刚看到2辆公交车开过了”“我看到3辆电瓶车开过了”……显然，孩子们对经过车辆的数量产生了兴趣。由此，我有了让孩子们再次记录的想法。记录开始了，我问孩子们：“怎么样才能记下经过车辆的数量呢？”跃跃说：“经过一辆我就贴一个贴纸。”洁洁补充道：“还可以用符号来表示。”“选一种你喜欢的车，记录一下这种车经过了几辆。”就这样，孩子们开始了第二次记录。

记录时间结束，轩轩看了看自己的记录表说：“我是贴五角星的，来一辆公共汽车我就贴一个五角星。”一旁的琪琪说道：“我和你不一样，来一辆小轿车我就画一个○。”“我是写数字的，写到几就说明经过了几辆。”孩子们各抒己见。这时，我拿出自己的记录表，说：“看看老师记录的和你们一样吗？”轩轩看了看我的记录表，说：“老师，我和你一样，记录的都是公共汽车。但是，我看到了3辆，你怎么有5辆呢？”我挠挠头，不解地说：“对啊，到底谁记录的才是准确的呢？”孩子们议论纷纷。这时，机智的匀匀说：“我们把马路上的车拍下来。”轩轩接着匀匀的话：“对啊，这样就可以验证了。”孩子们拍手称赞，表示这是个好方法。

兴趣是最好的老师，当孩子们对马路上的车辆产生了浓厚的兴趣后，就会主动去求知、去探索，从中产生愉快的情绪和体验。在讨论中，他们就“用什么方法正确记录马路上车辆的数量”这个问题进行了探讨，在探讨中孩子之间擦出了智慧的火花。孩子们有的用图形来记录，有的用符号来记录，有的用数字记录，等等。可见孩子们在记录中能呈现出多种记录方式。当幼儿发现记录的结果和教师不一样时，能够大胆提出疑问，而教师对于幼儿的质疑并没有直接给出答案，而是抛砖引玉，引发孩子们进一步的思考。

实录三：三次记录——尝试合作记录

基于孩子们对活动的热情不减，我们紧锣密鼓地开始了第三次的记录，比比谁记录的信息更多。比赛开始，我就听到宸宸拉着森森说：“我们一起记录吧，你来看马路上的车，我来记。”森森点头答应了。两人商量下来，决定记录马路上小轿车的数量。森森聚精会神地看着马路上一辆辆的车，当有小轿车经过时，他就叫道：“有一辆蓝色的小轿车经过啦！”于是，宸宸在记录纸上画上一个○，又用油画棒在○里面涂上了蓝色。菲菲一个人目不转睛地观察着经过的电瓶车，生怕错过任何一辆。她看到一辆白色的电瓶车经过，她就在记录纸上打一个√，又在√下面画了一朵云；看到一辆红色的电瓶车经过，就画一个太阳。孩子们用自己的方法记录着经过的一辆辆车。

教师根据孩子的兴趣展开了一次“车辆记录”的体验之旅，在一次次的思考中，孩子们观察的信息更多了，记录活动的挑战性更大了。孩子们通过思考“怎么样记录的信息更多”这个问题，逐渐尝试与同伴合作记录。“车辆记录”之旅的过程轻松愉快，通过记录激发了幼儿乐学和会学的情绪，促进了同伴间的分享与交流。为了能更有效、正确地验证孩子们的记录信息，教师为经过的车辆拍了视频，旨在让幼儿逐步养成尊重事实的科学态度和精神。

启示：

记录是幼儿进行科学探究的重要方式，对幼儿的科学教育有着重要的意义。这次的“马路车辆”记录之旅，带着孩子们从毫无记录经验到合作记录，教师做到了“教育无痕，润物无声”，也体现了教师的教育智慧。

一、关注幼儿兴趣，培养记录意识

围绕幼儿兴趣点的教育就是最好的教育，幼儿总是对自己感兴趣的事物充满好奇心与探究欲。《幼儿园教育指导纲要》也指出，我们的学习活动内容的选择应体现“既适合幼儿的现有水平，又有一定的挑战性”的原则，更注重与幼儿的知识经验相适宜，更能贴近幼儿的生活经验。案例中，教师善于捕捉幼儿的生活日常，从观察马路上来往的车辆培养幼儿记录的兴趣。除此之外，教师还可以挖掘身边的记录环境，比如在班级的自然角、科学活动区和幼儿园的科探室中提供科学记录表或记录本，引导幼儿在非正规的科学活动中进行观察、记录，帮助幼儿养成记录的意识和行为。

二、认同记录方式，提高记录能力

教师是幼儿记录的支持者、合作者、欣赏者。我们鼓励幼儿根据自己的兴趣和能力自主选择记录的方式，鼓励幼儿大胆地用各种方法记录观察到的结果。三次“车辆记录”之旅分别从记录经过的车辆到记录数量再到合作记录车辆逐一展开，从易至难，提高了幼儿的记录能力。教师也要善于肯定幼儿自主创造的记录方式。案例中，教师在幼儿的“建议”下拍了视频，将车辆经过的过程记录下来，便于幼儿分享、验证，体现了尊重事实的科学态度与精神。同时，教师又对幼儿记录信息的能力提出了新的要求，幼儿有了合作的意识，通过“你来看，我来记”的合作方法，快速、有效地记录来往车辆的各种信息，通过认同幼儿的记录方式提高了他们的记录能力。

三、分享记录过程，拓展记录方式

教师应及时组织幼儿分享记录的过程，在分享中聚焦幼儿记录的方式与方法。幼儿科学记录的方式应该是多种多样的，可以直接把实物粘贴到记录纸上，可以是连线的方式，可以是绘画方式，还可以是符号式。如，当有一辆蓝色的小轿车经过时，幼儿在记录纸上画上一个○，又用油画棒在○里面涂上了蓝色；当有一辆白色的电瓶车经过，幼儿就在记录纸上打一个√，又在√下面画了一朵云；看到一辆红色的电瓶车经过，就画一个太阳；等等。由白色联想到了云，画朵云代表白色；由红色联想到了太阳，画个太阳代表红色；等等，这些来自幼儿的记录方式得到了教师和同伴们的认同。

记录是幼儿书面语言的雏形，无论是符号还是图像，幼儿都赋予了它们特殊的含义。每一次的记录有意外也有收获，“车辆记录”的体验之旅让幼儿和教师都尝到了甜头，幼儿在主动观察、记录的过程中锻炼了能力，体验了科学探究的过程和方法，培养了尊重事实的科学态度与精神。

巧思妙引　乐活思维[1]

——中班“逻辑高”特色活动的实践

逻辑思维（Logical thinking），是人们在认识过程中借助概念、判断、推理等思维形式能动地反映客观现实的理性认识过程。只有经过逻辑思维，人们才能达到对具体对象本质规定的把握，进而认识客观世界。《3—6岁儿童学习与发展指南》中科学领域提出：幼儿的科学学习在探究具体事物和解决实际问题中，尝试发现事物间异同和联系，初步尝试归类、排序、判断、推理，逐步发展逻辑思维能力，为其他领域的深入学习奠定基础。凸显了发展幼儿的逻辑思维能力不仅是幼儿认识事物、感知世界的过程与需求，其为促进其他领域的互动发展也起到了重要的推进作用。

“逻辑高”学具以促进孩子的个性化发展为前提，使幼儿在快乐的游戏中得到智力的开发、思维能力的提升以及学习能力的提高。这套学具最先引自德国，在实际应用中已被证实能够以其图文并茂的视觉效果、有趣的操作方式、系统的训练内容、自我检测功能给幼儿在自主活动中提供了一个促进智力思维发展的良好途径。我园半年前将“逻辑高”学具引入，通过不断的探索和实践，希望能对幼儿逻辑思维能力的发展有推动作用。笔者现在带教中班，中班幼儿活泼好动，喜欢接触新事物，在实践“逻辑高”学习活动的过程中，对于如何激发幼儿的兴趣，有效达成教学目的等，自己也在不断地探索和反思。

描述与分析：

实录一：浅尝辄止，索然无味

一天，班里开展了“逻辑高”逻辑思维课程训练第三阶段《玩具屋》中的一节活动《可爱的小狗》，这节活动的学习重点是学习将等量的小狗与骨头做配对。

我先让孩子们观察图片上的小狗和骨头的关联，孩子们马上被图片上的小狗吸引了，纷纷数起小狗的个数来，蓓蓓说：“最上面一角有5只小狗。”飞飞也数好了：“我看到有4只斑点狗！”……孩子们数完了，我夸赞孩子们数得很正确，那么旁边的骨头是

[1] 本文作者：李艳，一级教师，同凯幼儿园教科研组组长。

什么意思呢？话刚问完，孩子们几乎异口同声地说："要喂给小狗吃的！"恩恩又补充道："我觉得就是有几只小狗，就给它们几根骨头！"其他孩子也附和着说："对的，对的。"孩子们热烈的回应让我很欣慰，感到孩子们都理解了图片的含义，就请孩子们操作起来。孩子们仔细地把操作卡片放入魔轮板中，数着小狗和骨头的数量，看准箭头代表的颜色，拨动着魔轮珠。最后大家都完成了，一起验证后，活动结束了。

图1

图2

最初接触"逻辑高"课程，教师一心关注在教学目标上。活动中孩子们理解了图卡的含义，操作验证正确，教学目标有效完成了，但是总会感觉到有一些不足，比如活动过程简单、理解图卡浮于表面、活动形式单一等。在活动中孩子们是否都能理解图卡不得而知，而且兴趣不高，活动的激情也不浓，只是将教师提出的问题机械化地回答出来，没有体会到活动的乐趣所在，在提升幼儿逻辑思维能力方面也没有达到很好的效果。因此，适时、适当的兴趣引导对提高幼儿参与的积极性也是十分重要的。

实录二：巧妙引导，初尝甘味

深刻反思后，教师做了一些改变，希望能激发孩子们参与活动的兴趣，开展了"逻辑高"逻辑思维课程训练第三阶段《小猴子西西》中的一节活动《猜猜我在做什么》，活动的学习重点是了解并运用动作与活动之间的关联性。

图卡上有游乐场里的一些设施，我先问孩子们："你们去过游乐场吗？哪些是你最喜欢的？”一提到游乐场，孩子们一下炸开了锅，抢着交流自己去游乐场开心的事情。看到孩子们有了兴趣，我出示了图卡，这时语言能力较强的铭铭率先充当起教师的角色：“看，有滑滑梯，我最喜欢玩滑滑梯了！”“还有沙子呢，我们幼儿园也有沙水池的，我最最喜欢！”晨晨赶紧插话，唯恐别人抢了先机，他们一开口，其他孩子们也你一言我一语地说起来，看到孩子们有了讨论兴趣，我很开心。但是这节活动重点不是讨论游乐场，而是依据猴子西西的动作猜出它在做什么，于是，我轻轻地说了句：“不止你们喜欢游乐场，小猴子西西也去了游乐场哦！”把孩子们的注意力又拉回到图卡上，他们发现了西西的不同的动作，理解到要帮西西玩不同的游戏设施。理解题意后，孩子们很快就操作起来，就这样，一节讨论氛围浓烈又兴趣高涨的活动结束了。

图3

图4

这次活动中，教师采用了适当的言语引导给幼儿留下广阔思考的空间，来培养幼儿的兴趣和发散性思维，给予孩子们言语表达的机会，调动孩子们的参与积极性。《3—6岁儿童学习与发展指南》中也提到要充分尊重和保护幼儿的好奇心和学习兴趣，帮助幼儿逐步养成积极主动、认真专注、不怕困难、敢于探究和尝试、乐于想象和创造等良好学习品质。因此，教师一开始的引导大大引发了孩子们的兴趣，有了讨论的热烈氛围，后来教师的一句话把孩子们的讨论重点又拉回到图卡上。有了前面讨论的经验基础，孩子们很快专注到题意中，既保护了孩子们学习的主动性和好奇心，又提高了孩子们的逻辑思维能力。在讨论中，有几个孩子还跃跃欲试地做滑滑梯、荡秋千的动作，又给了教师一个灵感，可以再增加一些游戏的形式。

实录三：游戏引领，乐享趣味

上次活动反思后，教师尝试用游戏的方式来调动孩子们的学习兴趣。因此，开展了“逻辑高”逻辑思维课程训练第三阶段《神射手“吉米”》中的一节活动《我是小海盗》，活动的重点是找出装扮不同的地方。

“耶！今天学逻辑高啦！”孩子们看到我把魔轮板拿出来，纷纷欢呼起来。我没有先给孩子们出示图卡，而是先请了三个女孩子站成一排，孩子们正面面相觑，我神秘地问：“孩子们，看出她们三个女孩子有什么不一样吗？”听完我的话，孩子们积极思考起来，很快就有几个孩子举手，昊昊说：“怡怡和雯雯穿的是红色外套，恩恩是灰色外套。”飞飞也不甘落后地回答：“恩恩扎着一个小辫，怡怡和雯雯扎了两个小辫。”接着尧尧说：“她们的鞋子也不一样，恩恩穿着雪地靴，怡怡和雯雯穿了运动鞋。”几个孩子的回答给大家做了很好的示范，孩子们都认认真真仔细观察着。我请孩子们分成几队，自己取了队名，分组进行游戏，比比看哪队找到的不同处多，在游戏的牵引下孩子们更加投入活动中了。游戏过后，我出示了图卡，孩子们一下就明白了要找出“吉米”的不同处，操作起来也十分迅速了。活动结束后，孩子们三五成群地聚在一起玩“找不同”的游戏。

图5

图6

活动开始前，教师先分析了图卡上的内容，图卡上有7个吉米照片，有很多细微的不同之处，需要孩子们找出来。教师没有急于将图卡展示给孩子们，而是先通过游戏的手段来调动孩子们的积极性，游戏化的形式点拨了孩子们的童心。《3—6岁儿童学习与发展指南》中提示我们，游戏是促进幼儿学习与发展的重要途径，游戏是幼儿的天性，它伴随着幼儿的成长。在“逻辑高”教学实施中融入游戏的元素，将看起来索然无味的学习转换成了兴致盎然的体验。幼儿在有趣的“玩中学、学中玩”中逻辑思维能力也在逐步提升，让“逻辑高”教学活动也活跃起来了。

启示：

一、巧思游戏，激发幼儿思维的活跃性

“逻辑高”实践活动，对教师教育观念的转变有很大的影响：从最初关注教学目标达成和操作错误率，到巧做游戏设计，调动幼儿的兴趣和思维；从教师采用传统集体教学模式，到组织幼儿做分组游戏和探索模式。这些对教师和幼儿来说，都是很大的进步。中班幼儿具有活泼好动、好模仿、情绪性强、自制力差、认识活动以具体形象为主的年龄特点，而游戏恰恰能满足幼儿好动、喜欢探索的特点。巧用游戏的目的不是为游戏而游戏，而是借助游戏这种幼儿最有效的学习方式来促进幼儿的发展。因为游戏是幼儿最喜欢的活动之一，他们在参加游戏活动时积极性提高，思维也活跃起来，学习效果当然可想而知。有了兴趣，就有了学习的动力。幼儿在游戏中能逐步理解学习的重点，对培养幼儿的逻辑思维能力水平有极其重要的作用。

二、妙用引导，培养幼儿思维的多样性

在刚接触“逻辑高”材料时，教师在不断探索教学方式，幼儿在尝试理解学具内容，刚开始是教师讲幼儿听、教师问幼儿答、教师提要求幼儿做，幼儿的学习活力和主动性没有充分发挥出来。这时教师要转变引导方式，不要一味地讲，可以多加启发，用有效的引导，激发幼儿学习的自主性，让幼儿自主去发现问题、开展讨论，进而变成幼儿问问题教师答，教师只需启发式地讲解和回应，培养幼儿思维的多样性，幼儿在听懂了教师的要求后能自主地探索和操作了。正如实录二中幼儿非常热烈地在讨论游乐场，教师不能一味地任凭幼儿交流，偏离活动目的，因此教师要适时地加以引导，转移幼儿的注意力，进而达成目标。而且最好不要直接说明题意，以免扼杀幼儿的自主性探索，让幼儿在观察、体验、讨论、交流、思考中发散思维。

总之，使用“逻辑高”进行教学活动，对幼儿的自主学习、幼儿园的特色活动开展、幼儿逻辑思维能力提升、教学水平提高等有极大的推动作用。对我来说，这还处于

尝试与学习的阶段。如何在教学中调动幼儿的兴趣和体现幼儿的主体地位，如何将“逻辑高”教学延续到家庭之中，使教学更加完整等，在不断探索和实践中，我会继续研究和总结出更有价值的教学经验。

以“趣”引路 以“思”导航[1]

——以中班集体教学活动“问路”为例

集体教学活动是幼儿园教育活动的一种重要形式，是教师有目的、有计划地组织幼儿活动的教育活动。2011年1月，全市幼儿园保教工作会议通过的《上海市教育委员会关于进一步规范幼儿园保教工作的实施意见》强调，要进一步转变观念，创新模式，倡导幼儿自主、探索、合作的学习方式，集体教学活动应根据不同年龄幼儿的身心发展特点开展，并应严格控制每天的教学时间。要重视幼儿园学习活动的意义，增强学习活动对每一个幼儿的发展价值。

当我聆听了市教研室黄琼老师的报告《当幼儿园的集体活动每天只剩下一节时》后，我深刻感受到一次集体教学的开展所要思考的点与面、目标与环节、过程与方法等因素，而这些思考都应基于幼儿的兴趣，立足于幼儿的已有经验。集体活动中幼儿是活动的主体，而教师的作用则是激趣、引导、推进、提升。教师把幼儿朝哪个方向“引”、把幼儿“推”向何处呢？我在开展集体活动时发现，在很多的集体活动中，只要教师挖掘教材内容、把握活动契机，就能捕捉到激发幼儿兴趣、发展幼儿想象、促进幼儿思维的教育点。

下面我以中班教学活动“问路”为例，剖析教师该如何分析教材，基于幼儿特点激“趣”促“思”。

描述与分析：

实录一：教学初体验——引发思考

在中班主题“我在马路边”活动中，我们开展了集体教学活动“问路”(见表1)。分析活动虽然以“语言”领域为主，但其中却整合着逻辑思维、分析判断的元素，如何使活动开展得有趣味、有智慧、有意义，我进行了第一次尝试。如何让幼儿有兴趣地学习、积极地参加活动？教师尝试在活动中，加入趣味教学，以此活跃幼儿思维与想象力。

[1] 本文作者：杜德丽，一级教师。

表 1 中班教学活动“问路”

<table>
<tr><td colspan="2">活动目标：1. 愿意大胆表述，尝试理解信息内容，寻找鼠小姐的家。
2. 体验礼貌问路，感知帮助别人的快乐。</td></tr>
<tr><td>活动过程</td><td>幼儿的表现</td></tr>
<tr><td>一、故事导入
关键提问：
什么是迷路？迷路了怎么办？
小结：迷路了可以打电话给去找的那个人，也可以去问路。
二、鼠先生问路
1. 问路要有礼貌。
2. 鼠小姐的家在哪里？
3. 该怎么走？什么是笔直往前？往左拐是哪边？
三、游戏找路
1. 鼠先生为了找鼠小姐一共问了几个小动物？他们为什么愿意帮助鼠先生？你们和小动物们一起帮助了鼠先生，心里感觉怎么样？原来帮助别人是件非常快乐的事情。
2. 你们和小动物一起帮助了鼠先生，鼠先生邀请你们到它家里做客呢。</td><td>1. 能了解故事内容，尝试理解教师所提供的信息。
2. 在游戏环节中，幼儿能听清教师的要求并按照方向找路，同时幼儿能理解教师的提问并清晰作答。</td></tr>
</table>

整个教学活动有三个环节：“故事导入”“鼠先生问路”“游戏找路”。虽然教师设计了游戏环节，旨在提高孩子们的兴趣，但幼儿始终处于与教师的一问、一答阶段，始终处于被动地接受而不是主动地寻找答案，活动的形式较单一。例如：在第三环节中，幼儿跟随教师的指引一起感知方向，模拟被邀请到鼠先生家里做客，孩子们一路跟着教师的步伐，教师走在前，幼儿跟在后地进行游戏。教师说：“孩子们，向桌子处拐弯。”于是，幼儿跟着教师一起拐弯，游戏并未让孩子的智慧得到体现、经验得到提升，而是一味地跟从教师的指引，失去了集体游戏的价值。

实录二：第一次调整——凸显互动

本次活动目标是让幼儿“通过理解信息内容，寻找鼠小姐的家”，如何让游戏的设计更具有挑战性，鼓励幼儿积极地思考，从而达到活动的目标呢？

首先，我们设想将鼠先生的“问路”部分作为本次活动的重点（见表2），除了让幼儿用语言分清（上下、前后、里外、中间、旁边）空间方位，我们还尝试设计让幼儿用肢体一起参与分辨空间方位，利用已有的知识点“标识”，一起走一走、动一动，巩固对空间方位的认知。

其次，我们将最后的游戏环节设计成了具有挑战性的“找礼物”环节（通过教师所提供的线索，结伴寻找礼物）。该游戏贯穿全程，使幼儿在游戏中获得了空间方位的认知，同时身体得到放松，思维变得发散，在获得发展的同时得到愉悦。

表 2　中班教学活动“问路”

活动目标： 1. 愿意大胆表述，尝试理解信息内容，寻找鼠小姐的家。
2. 体验礼貌问路，感知帮助别人的快乐。

活动过程	幼儿的表现
一、故事导入 关键提问： 什么是迷路？迷路了怎么办？ 小结：迷路了可以打电话给去找的那个人，也可以去问路。 二、鼠先生问路（尝试理解信息内容，寻找鼠小姐的家） 过渡语：鼠先生真的采用了你们其中的一种方法，去寻找鼠小姐的家。 1. 问路要有礼貌。 2. 鼠小姐的家在哪里？ （1）交通标识 （2）在两座房子的中间走过（公鸡） （3）直走，往有红绿灯的方向拐弯（小熊） （4）旁边（狮子） 小结：鼠先生通过问路，得到很多信息，我们要了解清楚信息内容，才能找到正确的地址。 三、游戏“找礼物”（理解信息内容，找到礼物） 游戏规则：三人一组，根据线索寻找礼物。 小结：今天，你们不仅帮助鼠先生找到了鼠小姐家，还自己根据线索信息，找到了鼠先生留给你们的礼物，真厉害。希望下次有人向你们问路时，你们也能热情帮助别人。	1. 故事导入部分，幼儿能根据提问回答问题，且表达完整清晰。 2. 在问路环节，幼儿根据提示能区分“经过##”“接着##”“最后##”，思路有条理性。 3. 在最后的游戏中，幼儿利用提示卡理解信息，四组幼儿都在不同的时间完成游戏要求，找到相对应的“礼物”。

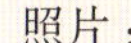

照片：

图 1

在本次活动中，我们调整了原有的PPT课件，在路线上新增了标识物，例如禁止通行、小桥、红绿灯等。这些标识物作为说清方向的参照物，例如“经过红绿灯拐弯”“跨过小桥”“在两座房子的中间走过”等,能让幼儿更好地理解空间方位。同时，在第三部分游戏环节，我们设计了“找礼物”的游戏，幼儿根据教师提供的线索寻找礼物。有的礼物在桌面的下面；有的礼物藏在第三个抽屉里面；有的礼物要通过与教师交流找到线索才能发现。通过图示的提醒，幼儿能区分里外、上下、旁边等空间方位。

调整后的活动在幼儿亲身体验与幼儿互动上有了较为明显的改进，但还是存在些许不足，如：教师可以以多种形式提问，唤起孩子们的表达欲望，让孩子们多说、多做。在学习方位时，可以动静结合，以个人、小组、集体等多种形式体验，开展游戏。并且，在活动中，孩子的体验可以更多，能让孩子操作和体验的地方，都可以试着让他们尝试。比如第二环节中，有小动物说“笔直往前走”，教师就可以请个别或者部分幼儿站起来试一试。同时，在“找礼物”环节，幼儿只注重“找”的过程，忽视了“说”的表述，教师应加以提醒。

实录三：再次调整——激活思维

如何在活动中激发幼儿的思维，以“趣”激“思”？

首先，材料是诱发幼儿思考的本源。因此，我们将第二环节中的“问路”调整为“找路”，通过现实生活中的电话，听清电话里鼠小姐所讲的信息，再以游戏的形式开展“找路”，加大“理解信息”的难度。

其次，活动的尾声我们设计了游戏“寻找回家的路”，这既符合幼儿的现实生活，同时又提升了今天教学活动的空间方位逆向思考，并且在立体的现实地图上，让幼儿说一说（路线）、动一动（走）、放一放（标识物），在整个逻辑思维游戏活动中，加深幼儿对空间方位的敏感度和尝试逆向思维的灵敏度。

活动经过了两次修改，我深知本次活动的重难点在于“理解信息内容”。在空间概念方面，幼儿能掌握一些基本的方位概念和方位词，如上下、前后、里外、左右等。于是，我们进行了第三次尝试（见表3）。

表3 中班教学活动“找路”

活动目标： 1. 尝试理解信息内容，并根据信息顺序找到去鼠小姐家的路线。
2. 体验礼貌问路，感知帮助别人的快乐。

活动过程	幼儿的表现
一、倾听故事，鼠先生遇困难 1. 教师讲述故事。 2. 重点提问：鼠先生和鼠小姐有了什么约定？迷路了怎么办？ 小结：讲问题的时候要说清楚自己的位置，别人才可以帮你指路。 二、倾听信息，帮鼠先生找路 师：你听到鼠小姐在指路时告诉了哪些信息？ 1. 帮鼠先生找到路 小结：原来听清楚指路的信息与顺序就能找到想去的路。 2. 把鼠先生送回家 三、观察地图，寻找其他去鼠小姐家的路 1. 分组看信息找到路并画出路线图。 2. 幼儿分享交流。 3. 走一走不同的路线。 延伸活动 体验从底楼活动室回教室的路线（如图2至图3所示）。	1. 故事导入：幼儿倾听习惯良好，并能与教师共同探讨问题，表述清晰，引出结论。 2. 在寻路的过程中，幼儿倾听信息内容，从“标识物”入手，将所有细节一一串联。 3. 观察地图，幼儿间合作，按照不同的分工，解决不同的问题，形式新颖，每个幼儿都参与其中。

照片：

图2　　图3

经过第三次尝试，教师改变了最初的游戏方法、游戏内容，由原先的“问路”改变成“打电话给鼠小姐”让它说出家的具体位置。我们也加大了难度，让鼠小姐一次说五个关键信息，并让幼儿记录。幼儿第一遍听时，只听到各种明显的标识物，比如：见到城堡、房子、医院等。于是，教师又播放了第二遍鼠小姐的电话，引导孩子补充完整所有的标识物。第三遍播放时重点提问“先经过哪里？再经过哪里？”，这样层层递进，帮助幼儿分析路况、理清空间方位。同时，我们也改变了最后的思维游戏，利用故事情节“让鼠先生回家”的开展，鼓励幼儿走一走，将电脑上的平面地图变成了生活中的立体地图。孩子们按小组人数分，有的拿地图、有的指挥、有的看路标，各司其职，体验初次合作的快乐。

在这个以语言领域为主的集体活动中，幼儿会运用不同的游戏，尝试解决数活动中的问题。一次次的活动、一次次的调整、一次次的思维碰撞，让教师了解集体教学活动对于幼儿学习和发展的引领和对幼儿间交互学习的促进。教师灵活地运用多种方式，也激发了孩子们的学习兴趣，增强了他们的集体合作意识，孩子们在活动中得到了思维的进一步发展，而教师则在一次次的反思与改进中获得了专业的成长与收获。

启示：

一、趣味教学，凸显趣味性

教师要通过创设问题情境和教育情境，把让幼儿理解的内容转化成幼儿愿意尝试的内容，并让这些内容贴近生活、联系生活、表现生活，让每个幼儿都有参与的机会，使每个幼儿在参与的过程中体验学习的快乐，获得心智的发展，体会趣味挑战的成功。如教师仅仅满足于让幼儿动口、动手是远远不够的，必须让幼儿的思维参与其中，或让幼儿先思考后操作，或边思考边操作，或先操作后思考。这样，幼儿才能真正体验主体性，让活动充满趣味性、挑战性，在活动中获得愉悦。

二、趣味教学，注重体验性

在“问路”活动中，我们预设了较多的思维游戏，其中就包含师幼、幼幼之间的互动。教学过程中要体现主导和主题的辩证统一、教师与每个幼儿之间、幼儿与幼儿之间的平等对话。教师在教学中要关注幼儿的亲身体验，引导幼儿积极参与到教学活动的每一个环节中，鼓励幼儿不断和教师、同伴进行互动，并在互动中不断生成。比如：在活动设计中，我们鼓励同伴间合作“寻找不同的路线图”，以此丰富幼儿看路线图的生活经验。

三、趣味教学，注重整合性

教师提供的集体教学活动应取材于幼儿的现实生活，并在很大程度上与问题联系起来，让幼儿感觉到问题的存在，并学会利用材料中提供的各种信息或数据去进行分析、思考，寻找问题的答案，从中获得相关的知识和解决问题的办法。活动中我们提供层层线索，注重整合，鼓励幼儿完成挑战，以真实事件和经验为基础，引导幼儿通过观察、操作等方式获得经验与成功。

以"趣"引路，以"思"导航，能使幼儿在集体活动、有趣新奇的思维游戏体验中获得经验和知识。作为教师，我们应从整合和多方位渗透的思想出发，挖掘教材、捕捉信息，在关注集体教学活动价值的同时启发幼儿思维、打开幼儿思路，让幼儿在游戏中快乐学习，在体验中启迪智慧。

“做甜糕”三部曲

——以个别化材料“做甜糕”的投放为例[1]

选择与投放合适的个别化学习材料，才能有效地促进幼儿主动学习，激发幼儿积极思考和有效体验。结合中班幼儿的年龄特点和生活经验，在个别化“做甜糕”活动中，我们对各种材料用心巧思，对幼儿认真观察分析，及时地动态调整材料，促进幼儿思维的发展。

描述与分析：

第一部：“甜糕”材料的情感性投放

在中班主题“我爱我家”中，教师设计了“做甜糕”活动，幼儿对做甜糕非常感兴趣。天天说：“我也会。”春春说：“我看我奶奶做过。”“甜糕”是我们的地方特产，逢年过节做甜糕是传统风俗，所以很多幼儿有生活经验。我为幼儿准备了制作甜糕的工具如月饼盒、各色彩泥、模具、蒸笼等材料，让他们去体验。这些生活材料是幼儿生活中所经历过的，符合幼儿情感特点，能吸引幼儿动手操作。

一一和小马来到了做甜糕区域，他们两个商量了一下分开做，一一用模具按压橡皮泥，按压出了很多的甜糕，小马则用小刀开始切，将橡皮泥裁出了不一样的形状。小马数了数自己做的甜糕，说：“我做了8个。”一一也数了数说：“我做了5个，你做的比我多。”小马说：“嗯，是的，我的比你的多。”一一说：“我们把这些甜糕用这个月饼盒子装起来吧。”小马数了数九宫格的月饼盒子说：“装满盒子需要9个，我才做了8个，还要再做1个。”一一也拿了个九宫格的盒子，马上放下了，他又另外找了一个盒子，说：“这个盒子是5个格子，我做了5个甜糕。”小马拿他的甜糕和盒子比较了一下，说：“你做的太大了，盒子装不下了。”一一说：“那我就做小一点吧。”

一一和小马大胆地利用不同的泥工工具制作和表现各式糕点，在完成了泥工之后，会数数自己做了多少个，通过数数的方法比较两组物体的多少，比比谁做的多。而一一在摆放甜糕的过程中进行了数物配对，并根据盒子的大小找到了合适的包装盒。在活动

---

[1] 本文作者：贺乐，一级教师，同凯幼儿园骨干教师。

中通过提供格子数量不一的打包盒，引发幼儿比较格子数量与甜糕数量，通过实际操作理解对应。不仅如此，幼儿还能用自己做的甜糕和格子的大小进行比较，感知量的特征，并且用相应的“大”“小”词汇来描述这些特征。

在观察幼儿的活动过程中，我发现幼儿对甜糕的包装盒非常感兴趣，也能够按照这些不同的盒子制作不同的甜糕。为了满足幼儿对甜糕的数量、形状和颜色的兴趣发展，我和幼儿一起收集了不同的废旧月饼盒，有四联排的，有九宫格的，也有其他形状各异的，方便幼儿根据月饼盒里的格子数完成甜糕，开展甜糕的“打包活动”。

第二部：“甜糕”材料的任务性投放

根据上阶段幼儿的活动表现，我尝试在做甜糕区域增加“菜单任务卡”和示意图，每一张任务卡上标明甜糕的数量、形状和颜色。幼儿可以根据示意图和任务卡进行操作，提高幼儿操作的专注力和持续性，丰富幼儿做甜糕的经验。

俊俊正准备做甜糕，他拿了菜单看看，自言自语道：“我要做2个三角形的甜糕、4个圆形的甜糕……”俊俊认真地做起了甜糕，不一会儿，俊俊的一盒子甜糕做好了，放在桌子上。旁边的佳佳过来说：“我可以买甜糕吗？”俊俊听了说：“可以啊，你要几个？”于是佳佳看了看说：“我要4个红颜色的。”俊俊认真地拿出来4个红色的甜糕，佳佳问：“多少钱？”俊俊愣了一下，说：“4块钱。”佳佳假装从口袋里拿出来钱后离开了。

投入了菜单任务之后，幼儿开始关注甜糕的数量、颜色等，能按照图示找颜色进行操作，孩子的操作目标非常明确。进入中班后，幼儿开始对颜色、数量等感兴趣了，也能进行数和物的匹配活动。活动中，俊俊的完成率非常高。由于游戏是幼儿最喜欢的，因而在幼儿的活动中出现了角色游戏的情景，而俊俊也能按照要求正确取物，幼儿对数量和颜色已经有了经验。

这次调整材料，虽然提升了孩子操作的专注力，但是幼儿利用菜单上标好的颜色、形状和数量来做甜糕是以教师的既定目标来进行的，缺少了幼儿自主建构的机会。那么，如何给幼儿更多自主学习的机会，成了教师下一步调整材料投放的要求。

第三部：“甜糕”材料的开放性投放

在接下来的个别化学习活动开始前，我组织孩子们讨论：“今天你想做什么甜糕？需要什么材料呢？”豆豆说想做恐龙甜糕，齐齐说想做雪花片甜糕，贝贝有点想做积木甜糕……孩子们说了好多奇思妙想的“甜糕”。我向幼儿介绍了一下班级原有的材料，比如手工纸、剪刀等，鼓励小朋友自由选择材料，创造性地制作自己想出来的各种糕点。

齐齐找来了班级里的塑料积木做甜糕，并按照积木不同的大小装在不同的盒子里；佳佳找来了雪花片，她还找了一个最小的盒子装雪花片，完成了一盒甜糕；贝贝把带来的恐龙玩具放进了盒子里，认为这就是恐龙甜糕啦。

孩子们开始积极寻找不同的材料做甜糕，但是我发现孩子们都是在用已有的材料，没有使用压、印、切、剪等制作方法表现糕点的不同形状和图案，创造性明显不足。于是我又提醒孩子们，除了橡皮泥，还可以用海绵、手工纸和各类的皱纸来做甜糕，也可以用颜料、彩笔等装饰糕点。在我的鼓励下，他们在班内找了剪刀、笔和纸、雪花片等材料，继续探索做甜糕。

萌萌用绿色手工纸折了一个小动物，她在上面添了几笔，就变成了一个小狗。依依说："我们也可以用这个做甜糕。"萌萌说："那我们也用绿色吧，这样就是一个颜色啦。"她用绿色橡皮泥揉了一个甜糕，又用雪花片在上面压出了花边，将折纸放在上面。萌萌看了，又用同样的方法做了其他颜色的折纸，并进行了添画，变成了小猫、狐狸、老虎。做好了，萌萌画了一只小狗，并且写上了数字"4"，贴在月饼盒上，表示这盒甜糕是动物甜糕，里面有4个。萌萌对自己的甜糕非常满意，于是老师提醒她去拿平板电脑拍下来。

本次投放材料，我们充分给予了幼儿主动权，鼓励幼儿使用常见的纸、笔、雪花片等材料，培养幼儿动手动脑的兴趣。幼儿将折纸添画和做甜糕进行了组合，并且利用雪花片等低结构材料创造不同的花纹，大胆地、富有创意地制作和表现各种动物糕点。尤其是有了动物主题之后，幼儿又在盒子上制作了数量和名称的提示卡，物品和提示卡做到了一一对应。在教师的提醒下，他们还用平板电脑将作品记录下来，记录的作品也让幼儿的思维有迹可循，比之前的教师直接提供示意图，更能激发幼儿的主动性思维。

启示：

一、材料投放要有递进性

材料投放从情感性投放到任务性投放，再到开放性投放，是层层递进、动态调整的。从教师准备到和孩子一起准备投放材料，也是逐步放手的。情感性材料投放是基于幼儿原有的生活经验，橡皮泥是幼儿经常玩的材料，蒸笼是孩子们家里做甜糕使用的工具，还有节日里出现的各种月饼盒。活动着眼于将幼儿的生活经验进行再现，在再现的过程中，幼儿通过数数的方法比较物品的多少、掌握数物配对的方法，帮助幼儿解决遇到的实际问题，找到合适的打包盒。而任务性投放是在幼儿的操作活动中，教师有意识地预设活动目标，比如活动任务中的数字表示了数量，还有颜色以及形状的预设，让幼儿在操作中进一步获得颜色、形状和数量等认知。开放性的投放是为了能促进幼儿的创造性思维的形成，提供各类低结构、开放性的材料，让幼儿进行创造性的操作，无论是动物折纸甜糕，还是雪花片压花纹，均展现出幼儿动手动脑创造性的表达。动态调整之后创造出来的这种具备情境性和趣味性的游戏材料，不仅提高了幼儿的学习兴趣，还能让幼儿保持着持久旺盛的兴趣和探究的专注力。

二、材料投放要基于幼儿表现

材料的投放源于幼儿的发展需要，最终作用于幼儿的发展，这要求教师做到心中有幼儿、手中有材料。在第一次的操作中，教师发现幼儿对材料中的包装盒感兴趣，而包装盒中的空格子的形状和数量是一个隐性的目标，可以给予幼儿操作的一个任务，而孩子们对任务的完成有了一些意识。于是教师就提供了任务卡，任务卡上有更丰富的操作任务，提升和丰富了幼儿的操作经验。而在前两个阶段的幼儿操作中，教师发现了幼儿的想象力和创造力的缺乏，幼儿都只关注包装盒，而缺乏对材料的创意使用和替代，于是教师提供了纸笔等低结构的材料，支持幼儿的探索，提高幼儿的表征水平。我们在看到幼儿发展的同时，也看到了我们投放材料和幼儿发展之间产生的矛盾。当这种矛盾发生时，我们就需要根据幼儿的发展需要不断地调整材料，丰富幼儿的体验经验，提升幼儿的思维能力。总之，我们应该基于幼儿的表现，运用多种投放方式，创设多方位的教育环境，使个别化活动真正成为促进幼儿身心发展的有效途径。

7 “分”门别“类” 趣玩生活[1]

一日生活皆课程，生活中的点滴对幼儿来说都是一个很好的教育契机。大班幼儿的思维正从具体形象思维逐步发展到抽象逻辑思维，也具有初步的分类能力，但是积累的分类经验并不丰富，分类的能力也有待加强。因此抓住教育契机，由易到难培养幼儿的分类能力，有计划、系统性组织幼儿的生活活动，使生活活动成为提升大班幼儿逻辑思维品质的一个重要途径，这促使着我不断在生活活动中寻找适宜的活动。

描述与分析：

实录一：捡落叶，按外部特征初试分类

秋天到了，满地的落叶是幼儿园最美的景象之一，落叶也是孩子们喜爱的宝贝。于是，在散步时我提议道：“今天张老师带你们去做一件有意思的事情：捡落叶！”“好呀好呀，我们喜欢捡落叶。”孩子们七嘴八舌地回道。带着这个任务，孩子们拿着小篮子纷纷捡起地上的落叶。小篮子不到5分钟就被装得满满的了，于是我们找了一块空地坐了下来。我问道：“谁来说说你捡的落叶是什么样的？”芯芯回答说：“我的落叶是黄色的。”贝贝说道：“我的也是黄色的，我还有绿色的树叶。”

接着，我拿出两个大篮子，让孩子们将自己捡到的黄色落叶放到一个篮子里，而将绿色落叶放到另一个篮子里。我继续问道：“你们的落叶还有其他样子的吗？”

皓轩说道：“我捡的落叶是椭圆形的。”听到皓轩这么说，我又拿出两个篮子，这时孩子们很快把椭圆形的落叶放在一个篮子里，其他形状的放在了另一个篮子里。看着眼前的四个篮子，我问道：“为什么你们把这些落叶分别放到了这四个篮子里呢？”芯芯说：“因为黄色的和黄色的放在一起，绿色的和绿色的放在一起。”墩墩补充道：“椭圆形的放在一起，不是椭圆形的放在一起。”

在这次生活活动中，教师创设了捡落叶的游戏情境，幼儿对活动充满兴趣，很快就捡了满满的一篮子树叶。经过教师的提问和引导，幼儿对捡来的树叶进行分类，如将

---

[1] 本文作者：张越，一级教师，同凯幼儿园骨干教师。

绿色的分为一类、黄色的分为一类，椭圆形的分为一类、非椭圆形的分为一类，在捡落叶、分落叶的情境中学会按物体的颜色、形状等外部特征分类。事实上，分类的标准有很多种，但是幼儿理解分类的多样性并不是很容易，而在情境活动中幼儿感知和认识事物的多样性会简单许多。于是，教师继续思考还能创设何种情境让幼儿学会更多的分类方法。

实录二：观树木，按内部特征再次分类

午餐过后，迎来了散步时间，我对孩子们说道：“今天的散步张老师有一个小任务，请你仔细观察幼儿园里的树木，并能够区分一下。”孩子们两人一组，带着任务卡，一起出发散步。皓皓对他的好朋友梓昱说：“你看这棵树好粗呀。”“旁边这棵树好像要‘瘦’一点，我们在任务卡上把它们画下来。”梓昱说道。“这棵树已经开花了，我妈妈接我回家的时候告诉我这个是山茶花，那边那棵高高的树还没有开花呢。”大米也在一旁说，然后在任务卡上的花下面打了个勾。小小吴说：“小三班门口的树很矮的，后面挑战区那里的树很高，等会儿我们去挑战区那里看看吧！”

…………

散步的路上，听到孩子们之间三三两两地说着自己观察的植物，有的说树的粗细、有的说树的高矮、有的说树开的花朵等，孩子们的发现无穷无尽。回到班级后，孩子们将任务卡一一展示在黑板上。

皓轩介绍了他的任务卡：“我看到了有的树很高，有的树很矮。”“没错，白玉兰树很高，桃树比白玉兰树矮一点，我们可以把树分成高的树和相对矮的树，但是跟小三班门口的树比起来桃树就很高了。”我马上接着孩子们的话补充道。佳颖说：“老师，我发现有的树很粗很粗，也有的很细。”“是呀！石榴树的树干很粗，桑树的树干很细，我们可以按照树的粗细来分类。”

在散步之前，教师对幼儿提出观察树的小任务，让他们在散步中树立任务意识。回到班级后，幼儿通过自己的观察，开展分类的活动，从中理解按物体的内部特征进行分类，进而对分类有了更深的认识。可见，在自由活动时间，教师通过有意识地布置一些小任务，引发孩子们的思考和讨论，对激发孩子们的思维是有用的。但是，还能进行更多的分类吗？教师的心里不禁又产生了一个问号，也引发了进一步的思考。

实录三：分树木，按共有特征交集分类

在散步回去的路上，孩子们偶然发现桑树已经开花了，有的还出现了绿绿的果实，

这时何尝不是一个分类的好时机呢？我说道："孩子们，你们看桑树已经开花了。""是啊，张老师，它还结出了绿绿的果子呢，等它们都变成深紫色时你就可以带我们来摘了。"墩墩马上说道。"那张老师还给你们摘过什么果子呢？""开学不久你带着我们一起采了石榴，我还记得呢！"一一回答道。"没错，我们还一起品尝了石榴，可真甜。""那张老师要考考你们了，我们幼儿园的树都会开花、结果吗？""不是不是，山茶花树就只有山茶花，它没有果子的。"一旁的浩浩急忙回答。"那我们回班级把我们幼儿园的树再去分分类好吗？"

回到班级后，我准备了两个呼啦圈和幼儿园树木的图片。一个圈是开花的树，一个圈是结果的树。"老师，刚刚说的桑树应该放在哪里呀，这两个圈都可以放啊！"琳琳疑惑地看着我。于是，我把两个圈重叠了一部分。"没错，就是放在这两个圈中间，它既可以放开花的也可以放结果的。"最后，孩子们发现桑树、石榴树、桃树、枇杷树，都放在了集合中。

大班幼儿的创造能力越来越强，教师可以鼓励他们对已经是同一类的事物再次进行分类，这时就出现了交集分类的方法。然而，脱离实际的交集分类对幼儿来说是比较难的，他们难以单纯靠想象理解其中的抽象关系，需要联系生活情境和问题背景。幼儿园的树木是幼儿比较熟悉的事物，教师联系实际生活，让幼儿在分类中感知和思考既开花又结果的树应该放在什么位置。

启示：

幼儿分类能力的培养在一日生活中无处不在，散步活动只是生活活动中很小的一部分，还能够在哪些生活活动中培养幼儿的分类能力呢，这也引发了我的思考。

一、制订计划，培养幼儿的分类能力

计划图如图1所示。

图1

《上海市学前教育课程指南》指出，“5—6岁儿童的年龄特点是爱学好问，有极强的求知欲望”“能根据周围事物的属性进行概括和分类”，这正好体现幼儿对事物进行分类的能力和要求。在教师有计划的安排和引导下，幼儿展开集合和分类的思考，并在实践中感知与体验。每天的散步活动大约有30分钟，有计划地利用这30分钟开展分类的活动提升幼儿的分类能力。如在第一次的散步中，幼儿其实很快就能发现树叶颜色的区别，利用已有经验就会把黄色的树叶分成一类，把绿色的树叶分成一类，然后教师有计划地启发，幼儿掌握了更多分类的方法，循序渐进地培养了幼儿的分类能力。

二、创设任务，激发幼儿的分类兴趣

任务一：捡落叶	• 按照树叶的颜色、形状进行初步的分类
任务二：观树木	• 按照树木的粗细、高矮进行再次的分类
任务三：分树木	• 按照树木的内在特征进行交集分类

图2

大班的幼儿在教师的任务推动下，会更有兴趣做某件事情。对大班的幼儿来说，良好的任务意识也能为他们作为一名准小学生奠定良好的基石。因此，在散步时，教师提出了让幼儿观察树木并对树木进行比较分类，并提供任务卡记录自己的分类结果，从而激发幼儿的分类兴趣。幼儿在日常生活中，经常可以接触到各类渗透着分类的实践或问题，生活中的各种情境可以作为学习分类的契机。教师需要根据幼儿的年龄特点来进行情境的创设，让大班幼儿在玩中学、学中玩。分类方法不同，结果也是不同的，幼儿能根据自己的分类标准将事物进行分类，随着幼儿年龄的不断增长、经验的不断丰富，他们会更敏锐、多角度地思考事物的不同属性。

三、层层推进，助推幼儿的分类能力

幼儿的分类是从主要依赖直观的表面特征发展到事物内部的本质特征，幼儿积累的经验越多，其分类能力的发展潜力就越大。幼儿拥有丰富的分类经验既可以提升其分类的操作能力，也利于将分类经验转化为理论知识，促进其以后的分类。幼儿的认知是从具体形象思维到抽象逻辑思维，他们的分类能力也是从形象到抽象的。在制订计划，让幼儿掌握更多的分类方法时，教师通过各种生活活动，从按物体的外部特征分类到按

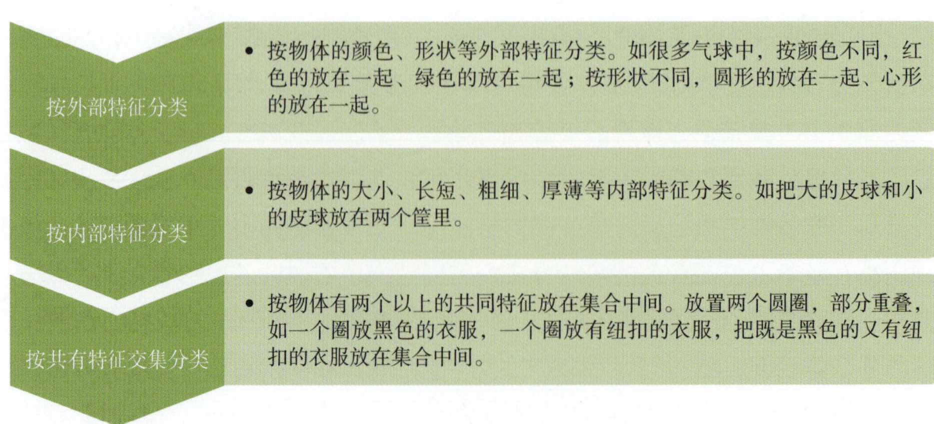

图3

物体的内部特征进行相对分类再到交集分类。随着幼儿的经验积累以及抽象水平的不断提高，幼儿渐进而连续地掌握不同的分类方法，可以在游戏中感受到分类的有趣。

分类是幼儿的一种基本认知能力，幼儿分类能力的发展离不开日常生活情境。因此，教师要把幼儿的分类学习融合于幼儿的生活中，让幼儿在各种途径的丰富多样的活动中意识到分类的重要性，渐进式地学习和掌握分类的能力，为幼儿其他认知能力的发展奠定良好的基础。

趣味游戏　乐想善思

——以“谁是卧底”游戏为例提升大班幼儿逻辑思维水平[1]

思维，即逻辑思维能力，指的是人们正确、合理思考的能力，是对事物进行观察、分析进而运用综合、概括、判断、推理等方法解决问题的能力。皮亚杰对于儿童思维发展过程进行了深入研究，将幼儿思维分为三个不同的阶段，即直观行动思维、具体形象思维、抽象逻辑思维。至此我们清晰地认识到幼儿的思维发展规律，极大地帮助教师对幼儿的行为进行解读。

陶行知说：“生活即教育，一日生活皆课程。”无独有偶，杜威也说过，孩子要在“做中学，玩中学，生活中学”，所以我们的教育不能离开孩子熟悉的生活，不能脱离幼儿的经验水平，而应该从幼儿的兴趣点出发，设计符合幼儿年龄特点的教育活动。

在大班孩子们中间，有很多大人无法预料到的话题，比如“谁是卧底”这个风靡一时的游戏。在和幼儿热聊以后发现，班级里有大半的孩子都和父母看过这个游戏，而且他们还蠢蠢欲动想自己玩，可是认识的字太少，玩不起来。我突然想到，为何不能将这个游戏设计成一节活动呢？问题是如何设计？如何让幼儿了解游戏规则？底牌如何呈现？平民牌和卧底牌的区别在哪里？

经过数日的思考与制作，我设计了适合大班孩子玩的“谁是卧底”教学活动以及教学主题套卡。

描述与分析：

实录一：仔细观察，认真倾听

小宝、阳阳、小馨和楠楠很喜欢聚在一起玩卧底游戏。他们坐成一排，一人抽取一张底牌，大家迅速看了一眼，开始了第一轮的描述与指认。

小宝拿到牌马上大声地说：“它是黄色的。”

阳阳听了若有所思地说：“它有翅膀。”

小馨似乎早已想好了怎么说，脱口而出：“它很可爱的。”

---

[1] 本文作者：黄洁，一级教师，同凯幼儿园骨干教师，金山区第八届“明天的导师”工程骨干教师。

楠楠面露难色，想了好一会儿说："它的毛是黄色的。"

"不对不对，黄色已经说过了。"小馨反应最快，马上反对。阳阳也反应过来，他说："对呀，小宝第一个就说了，它是黄色的，对不对小宝？"小宝点点头："嗯嗯。我说过了，不能再说一次。"阳阳问道："要不然你再说一个？"楠楠仔细看着自己的卡片，想了想说："哦，它有尖尖的嘴巴。"

从幼儿的游戏看，虽然中间出现了一个小插曲，但是给我们的启示却是非常大的。首先，孩子们自发组织的游戏呈现出了良好的秩序感；其次，孩子们非常喜欢用图片呈现卧底游戏所需的底牌。在游戏中，他们分别拿到了"小鸡"和"小鸭"两种图片，拿到图片以后，他们通过仔细观察，细心搜罗语言，最后将图片内容描述出来；最后，当小伙伴讲述了已经讲过的内容之后，同伴能够迅速发现问题并指出问题，用协商的口吻将游戏继续进行下去。

实录二：分析异同，大胆猜想

"谁是卧底"游戏在孩子们中间发生了神奇的化学作用，在班级中不断流行。几个孩子又在一起玩起了游戏。他们你一言我一语地说着，我就在旁边听，看着他们每个人的表情。

"它能在天上飞。"小雅说着看向轩轩。

"我们人类可以坐在上面飞到其他地方去。"轩轩说完把头转向了芯怡。

"嗯，它，它，它头上有螺旋桨。"芯怡大声说。

还没等最后的宇轩说话呢，前面俩孩子都高兴得叫起来："我知道啦，我知道啦！哈哈哈！"

"我也知道了，我还没说呢，让我说完。"宇轩也着急地说："它有好多轮子。"

毫无疑问，指认的时候大家都把"卧底"给找了出来。

我问："为什么卧底这么容易就被找了出来？你们是怎么知道的？"

"螺旋桨呀！老师你看，我们都是飞机，但是没有螺旋桨呀！"轩轩急着说话。

"对对对，我们把图都拿出来，这两架飞机最大的不同就是螺旋桨！"小雅说。

看着芯怡有点沮丧，我说："没关系宝贝，下一次你可以玩得更好。"说着我看向他们几个问道："那么你们想一想，四个人都不知道自己拿到的是不是卧底牌，怎么样才能判断自己拿的是平民牌还是卧底牌呢？如果知道了自己是卧底，应该怎么办？怎么样才能让别人不发现自己？"看着他们玩得这么好，我忍不住抛出了一直想提的问题，希望他们能够进一步挑战自己。

"嗯，不能说，就是不能说别人一听就能听出来的。"轩轩思考了一会儿如是说。

我笑说：“有点意思。你们在后面的游戏中再好好想一想哦！”

在这一回合游戏中，幼儿的游戏段位明显有了提高。他们能够在观察、倾听的基础上进行快速的分析，并根据线索进行大胆的猜想，这是游戏得以快速推进的一大条件。《3—6岁儿童学习与发展指南》科学领域子领域“科学探究”中指出：“5—6岁幼儿能通过观察、比较与分析，发现并描述不同种类物体的特征或某个事物前后的变化，能够用一定的方法验证自己的猜测。”显而易见，在游戏中，孩子们根据同伴的描述，对得到的信息加以整理，将相同的信息视作同类不做特殊对待，而对不同信息则异常敏感，能够迅速捕捉，大胆猜测卧底的身份，并最后呼吁同伴将图片示众以验证自己的猜测无误。为了让孩子们的游戏能够有更大的进步，我抛出了终极问题“如何隐藏自己的身份”，希望孩子们能在游戏中进一步挑战自己。

实录三：谨慎推理，判断身份

孩子们的游戏水平在不断的操练中稳步提升，原有的主题卡包已经无法满足他们的需求。于是我与孩子们继续聊他们感兴趣的内容，开发出更多的主题卡包。

这一次孩子们拿到的是“胡子”和“眉毛”，卧底是眉毛。

第一轮照常开始。

齐齐说：“毛毛的。”

丹丹说：“长在脸上的。”

小馨说：“黑黑的。”

小冯说：“男的会长的。”第一轮指认开始后，“平民”小冯无辜被淘汰，他“哎”了一声遗憾地继续观看同伴的游戏。

第二轮开始，只剩下三个人。

齐齐想了好一会儿，说：“它长长的，但有时候也是短的。”

丹丹也有点想不出来，最后想到了：“碰到时候扎扎的。”

轮到小馨了，他不动声色地说：“可以刮掉的。”

第二轮指认，“平民”丹丹被淘汰。按照游戏规则，“卧底”小馨获得了胜利。

“小馨，你知道自己是卧底吗？”我问。

“知道的。”小馨看着自己的“眉毛”卡牌。

“什么时候知道的？”其他小伙伴不甘心地问。

“小冯说男的会长的，我就知道了他们拿到的应该是胡子。我的是眉毛，我是卧底。”小馨说。

“那你后来怎么做的呢？”我又问道。

“可以刮的呀。胡子可以刮，眉毛也可以刮，我妈妈就经常刮眉毛。”小馨得意地说。

这个案例是孩子们玩游戏的精彩一刻，是孩子们实力演绎的高光时刻。在这一回合中，孩子能够通过同伴的语言进行推理，根据信息的异同判断出自己的“卧底”身份。但是作为一名“卧底”，不能被别人发现，该如何隐藏自己，对于大班的孩子来说是非常有难度的。小馨在游戏中是佼佼者，对于信息的捕捉总是迅速准确，在这次跟同伴的对垒中，意识到要隐藏自己的身份，就必须说一个和平民身份相同的信息，从而来混淆视听。

启示：

从发现幼儿的热点话题“谁是卧底”，到设计活动目标、主题卡包，再到幼儿开始慢慢熟悉游戏，最后到把“谁是卧底”游戏玩得不亦乐乎，甚至全民为“卧底”狂。经历了整整大半个学期，在玩游戏的过程中，孩子们的逻辑思维能力就像长了一双翅膀一般，振翅翱翔。而我也在与孩子们共同玩耍、共同学习的过程中领悟到了很多。

一、提供适宜的材料，鼓励幼儿观察与倾听

1. 提供的材料需适合幼儿年龄段

把握幼儿的年龄特点，投放适宜的活动材料，对于教师来说是教学基础。幼儿的学习离不开自己熟悉的生活。《幼儿园教育指导纲要》指出：“科学教育应密切联系幼儿的实际生活进行，利用身边的事物和现象作为科学探索的对象。”

大班年龄段的孩子，抽象逻辑思维已经萌芽，具备了初步的概括与分类能力，语言归纳能力也有了很大的提高。他们的注意力较小班、中班时更加集中，能够对事物进行仔细的观察，并通过观察发现事物的相同点和不同点，同时爱学、好问，有极强的求知欲。

在游戏不断推进的过程中，孩子们的经验不断丰富，水平不断提高，材料无法满足孩子的游戏需要时，教师不能视而不见，而应该和幼儿再次讨论，发现新的话题，从而制作新的材料，达到幼儿的“最近发展区”，让幼儿在原有的基础上能够有更大的提升。

2. 提供的材料需有层次性

幼儿是活动的主体，教师应尊重、接纳幼儿的个体差异。提供有层次性的材料，可以满足不同发展水平的幼儿的兴趣，从而使每一个幼儿都能在游戏中获得成功的喜悦

感，激发并维持幼儿对活动的兴趣。

二、创设有力的条件，支持幼儿分析与猜想

诺贝尔奖得主杨振宁博士曾经说：“在所有科学最前沿的研究工作，很大一部分花在猜想上……”如此可见，猜想在科学探索过程中处于举足轻重的地位，是人类探索科学规律的一种前瞻性策略。而很多实践也表明，猜想能切实开发幼儿的智力和想象力，培养幼儿的创新思维和探索问题的能力。有了观察的基础，再通过观察到的事物特点进行合理的分析与猜想，就能提高幼儿的逻辑思维能力。

我们在支持幼儿猜想与分析时，可以从以下几点入手。

1. 创设情境，让幼儿勤于分析、乐于猜想

在案例中，我创设了“谁是卧底”的游戏情境，让幼儿能够在观察图片、倾听同伴的过程中勤于分析、乐于猜想同伴拿到的底牌是什么。在平时的教学活动中，我们也应该努力为幼儿创设一个真实的、互动的、探索的、开放的情境，满足幼儿的探究需要，使幼儿能在探究活动中乐于探索、用于创造。在大班主题“有趣的水”中有一个活动“硬币上的水”，很多幼儿猜想能滴十滴水，有的则猜想能滴二十滴水。正是这样的猜想，促使他们去进行实验，并用符号记录下实验结果，用实践的方法验证自己的猜想。

2. 及时鼓励，让幼儿经历成败、享受过程

幼儿分析问题的方法各有不同，他们的猜想有对有错，验证方法也会有个性化方案。教师应及时给予幼儿鼓励，让幼儿用自己的方法去验证猜想，去体验验证过程中的成功与失败。大班的幼儿有一定的好胜心，渴望成功，畏惧失败，但教师需要引导孩子勇于探索，不畏失败，享受过程。

三、播种思考的种子，引导幼儿判断与推理

判断、推理能力是思维活动顺利、有效完成的保证，是个性心理特征，是逻辑思维能力的构成要素。在传统的教育活动中，我们更多关注的是幼儿观察能力、想象能力、语言表达能力、社会交往能力等的培养与发展，对判断与推理则有些忽视。这是因为很多人认为判断与推理属于抽象逻辑思维的范畴，而幼儿的思维则处于直觉形象思维。殊不知，幼儿天生就是科学家。在TED演讲《婴儿令人惊奇的逻辑思维》中，我们可以清晰地看到，15个月大的婴儿能够根据给到的样本（球）数量的不同而做出截然不同的反应，这是非常令人吃惊的。婴儿尚且能够在信息提供量非常少的情况下进行

思考分析，最终做出自己的判断与推理，更何况我们的幼儿？

在卧底游戏中，隐藏自己的身份是非常难的。为了不让孩子有压力，也为了让孩子能够自己找到一些线索，我采用的是问题引导法，抛砖引玉，鼓励幼儿自己去探索、发现、判断与推理。

在教育过程中如何引导幼儿去判断、推理呢？我想我们可以从日常生活入手。任何事物本身都有一定的逻辑结构，我们可以引导幼儿理解、掌握一些日常的概念，并探求事物之间的内在联系。任何事物有因必有果，这就是我们所说的因果关系，而因果关系，其本质就在于内在的逻辑性。在主题进行中引导幼儿思考树叶为何会落下、地球的转动与太阳升起的关系、吸铁石为何有磁性、物体的数量与重量的关系、沉与浮的原因等。播下这些思考的种子，让种子在幼儿心中生根发芽，让幼儿自发地去观察倾听，大胆地猜想，从而进行合理的判断和推理。

苏联教育学家加里宁说："数学是思维的体操。"对于幼儿来说，游戏活动也是思维的体操，在游戏中幼儿的思维犹如插上了一双飞翔的翅膀，在充满无尽可能的天空中振翅翱翔，谱写出属于自己的精彩。

趣味点名 快乐思维

——以大班幼儿点名活动为例[1]

儿童时期智力发育很快，虽然他们的思维仍然主要是具体形象的，但是初步的逻辑思维也开始萌芽，能掌握一些抽象的概念，能按照较高级概念进行分类，初步理解数概念，能对事物做出简单的因果判断。发展幼儿的逻辑思维水平不仅能使幼儿认识事物、感知世界的过程与需求，也能为促进其他领域的互动发展起到重要的推进作用。

一日生活中的许多环节都可以培养幼儿的逻辑思维能力，这样的方式也是幼儿学习生活化、情境化的一种最好的表现。幼儿一日活动中的生活小环节及各环节的衔接时刻虽时间不长，却蕴含着培养幼儿逻辑思维能力的教育契机。

描述与分析：

幼儿园里每天都会有点名环节，通过点名教师可以了解幼儿来园人数。从小班就开始的每日点名活动，到了大班幼儿已经习以为常。千篇一律的模式让幼儿对点名活动不感兴趣，在应答时有气无力，有些幼儿处于游离状态。面对这样的情况，我开始了思考，是否可以利用点名环节来培养幼儿的逻辑思维能力，让平淡无奇的点名环节变得更有意义？

实录一：猜猜哪个学号没有来？

我们班有28名幼儿，对于大班幼儿可以从学号1开始报数到学号28，两年下来，对于同伴的学号也都能对上号了。今天的点名活动照常开始了。在点名前，我给孩子们布置了任务："点完名后，说说哪个学号没有来，一共有几个同伴没有来。"因为有任务，所以今天的点名活动孩子们听得特别认真。我报学号，孩子们说"到！"一会儿点名结束了，孩子们开始了热烈的讨论，"今天5号没有来！""5号是浩浩！""今天有6个小朋友没有来！"

在讨论的过程中，孩子们开始理解数概念中的命名数的含义，每一个学号代表了

[1] 本文作者：李欣岚，二级教师。

一个同伴。同时孩子们会计算有几个学号在教师点名的时候，没有人回应，于是进行了计算，今天一共有几个同伴没有来幼儿园。在一次有趣的点名过程中，孩子们对数的认知得到了提升，数概念、数运算等活动在点名过程中得到了开展。

实录二：点名接龙

第二天点名前，我又给孩子们布置了任务："今天的点名我们要来接龙，就是一个一个小朋友报自己的学号，如果你前面一个小朋友没有来怎么办？"兰兰说："老师接不上号了呀？"可可说："那就后面一个小朋友接呀？"我马上说："那我们来试一下，好吗？"

于是从1号小朋友开始了自己报自己的学号，到了11号小朋友的时候，没有人站起来，马上有小朋友说："11号，轩轩没有来！"我问大家："那现在怎么办呢？"小朋友纷纷说："报12号！"12号小朋友在小伙伴的提示下站起来报了自己的学号，点名活动就这样继续下去。好巧，今天没有出现连着号的两个小朋友没有来的情况。点名结束后，我问小朋友："今天哪几个学号的小朋友没有来？一共缺了几个小朋友？"

今天的点名活动中，小朋友不仅关注了自己的学号，还关注到了缺席小伙伴的学号的相邻数，比如11号的相邻数之一是12号。所以在这一次的点名报学号中，孩子们巩固了对相邻数的认知。其次在结束后讨论"缺了几个小朋友？"的时候，有的孩子会一个一个地数缺了几个，进行简单的数计算活动。孩子们在点名的活动中，对数字的兴趣越来越浓厚。

启示：

一、挖掘一日生活，渗透逻辑思维

点名活动是幼儿在园一日活动中一个普通的环节，我们采取变化点名环节的方式，通过组织开展有趣的游戏，不仅能使原本单一、枯燥的点名环节充满乐趣，还在点名过程中培养了幼儿数学思维品质，发挥小环节的大价值。在点名中幼儿增强了对数字的敏感度，了解数序关系，逐渐建立数概念。可见，在一日生活环节中挖掘与逻辑思维能力发展的链接点，渗透逻辑思维的培养是十分可行的。

二、巧思组织形式，激发幼儿兴趣

游戏是进行幼儿教育最常用的方法，也是激发幼儿学习兴趣的有效途径。在常见的班级点名环节，教师设计了不同的游戏内容，一改枯燥的“点名环节”为“点名游戏”，在游戏中幼儿要积极思考，在完成点名后，幼儿要运用判断、分析、统计等不同方法来完成点名任务。因为学号是每一个幼儿都有的，也就是说每个幼儿均参与了点名活动，所以幼儿参与面广、参与度高。游戏性的点名活动与提升幼儿逻辑思维活动水平有机融合，激发了幼儿参与的兴趣，提升了幼儿的逻辑思维水平；通过生活中游戏的实施，启发幼儿多维度的思考，推进了幼儿逻辑思维能力的提升。

三、促进幼儿反思，做好自我总结

各环节在前期的准备、组织形式的创新等方面都需要教师仔细推敲、精心策划，挖掘逻辑思维元素。在组织时教师应该注意观察，根据幼儿的反应情况适时指导、支持推进，帮助幼儿梳理问题、提升经验。在组织后教师要用心去思考，及时进行反思总结，为幼儿更好地发展提供保障。就如在案例“点名活动”前精心思考点名的方法，设计点名的形式、有效的提问引发幼儿的思考等。

一日环节中有许多引发幼儿学习和思考的契机，教师则要用一双善于发现的眼睛把握这些活动机会，基于幼儿年龄特点，研究与渗透逻辑思维活动，培养和提升幼儿的逻辑思维能力和品质。

第三辑

“悟”中讲“故事”

细腻的笔触描绘动人的故事，生动的形式再现真实的情境。学习故事记录的是孩子活动中的精彩瞬间，投射的是孩子智慧解决问题的闪光时刻。教师作为观察者和教育者，需要倾听幼儿的心声，追随幼儿的兴趣，分享幼儿的发展，感悟幼儿的智慧。

1 桌游，我们是这样玩的

故事时间： 2019年4月

故事地点： 班级

故事作者： 上海市金山区同凯幼儿园　张铭渊

故事主人公： 玥玥（大班）

故事背景：

诞生于1992年的"德国心脏病"是一款以水果为背景题材的欢乐反应类游戏，也是众多反应类游戏的鼻祖。游戏的玩法是，幼儿轮流出卡牌，观察并计算桌面上所有卡牌水果的数量，当某单一水果数量为5时，抢拍铃铛并说出该水果名字的幼儿获胜。只有反应最快、算得最准的幼儿，才能获得游戏的胜利。该活动考验的是幼儿的反应能力和数运算能力。

故事内容：

镜头一：分一分

个别化活动开始了，阿泽和玥玥两人直奔"德国心脏病"的桌游活动。玥玥："我会分牌，我来分吧。"玥玥边说边把牌拿到手里，只见玥玥把牌分成了两堆，放在桌子上，然后弯着腰，瞄两堆牌厚薄是否一样，一边瞄一边从厚的那堆牌中分一些给薄的，当两堆牌厚薄差不多时，玥玥说："你看，这样我们就分好了，我们可以玩了。"

阿泽听了马上弯下腰，靠着桌子眯着眼睛看两堆牌，"不对，你看，你这边的牌好像比我多一点，我这边少，不公平。"阿泽不服气地说。玥玥看了看噘着嘴说道："不是差不多吗，那你说怎么办？""你再给我一点。"说着阿泽就从玥玥那儿拿了几张牌，"你不能拿这么多，现在你比我多了。我换一种方法，我记得我爸爸他们玩牌是你一张我一张这样发的！"

阿泽点头同意，只见玥玥把两堆牌全部合到一起，然后你一张我一张地发，直到最后发现多了一张牌，阿泽马上说"多的这张牌给你吧！我是男孩子，我让你。""好的，这次我多拿一张，下一轮你多拿一张，这样就公平了。"玥玥高兴地说。

回顾分析：

玥玥，你是一个爱动脑筋的小朋友，能够想到各种方法解决问题。刚开始你用了目测的方法分牌，当阿泽表示并不公平时，你又想到了看到爸爸打牌时分牌的好方法，顺利地解决了问题。

在活动中，你想到了你一张我一张“等分”的方法来操作，这样两边分的牌就一样多了。你能模仿学习他人的方法并运用到自己的活动中解决问题，你真是一个有创造性的孩子。

在活动中，老师发现，当你的方法受到同伴的怀疑时，你能够与同伴协商解决问题，说明你能够与同伴友好相处，有着很不错的人际交往能力。

下一步计划：

继续观察玥玥在游戏过程中的表现，遇到问题后她还会想到好方法吗？她在反应速度和数运算方面的能力怎么样呢？

镜头二：想一想

游戏开始了，两人一起喊着："1、2、3翻。"一起把手中的牌翻出来，玥玥马上拍铃，并指着两张卡牌上的5个香蕉说："5个香蕉。"然后把桌上的两张牌收到自己的手中。

两人继续游戏，"1、2、3翻"。这次玥玥翻出了一张猴子牌。两个人看着这张猴子牌愣住了，没人拍铃，阿泽嘟囔着说："这个猴子是干吗的？""我也不知道，要不我们问问老师吧！"说着，玥玥抬头问我："老师，这张牌是干吗用的？"我反问他们："你们觉得这个牌可以怎么玩？"玥玥说："我们的手上都是水果牌，猴子喜欢吃香蕉，翻到的牌中如果又有猴子，又有香蕉才可以按铃，可以吗？""可以！"阿泽爽快地答应了。两人又继续开始游戏。

回顾分析：

玥玥，老师发现你的专注力非常不错，在活动中，你始终保持着较高的注意力，和阿泽一直在玩“德国心脏病”的游戏。你的反应速度很快，当看到新翻出的两张卡牌时，会马上进行归类和数运算，算出两张牌上正好有5个香蕉。看来，你的逻辑思维能力也发展得很不错。

当看到新的猴子卡牌时，你会主动向老师提问，当老师把问题抛回给你们时，你愿意积极动脑，联系自己的生活经验解决问题，创造性地想出了关于这张猴子卡牌的新玩法。

下一步计划：

在分享的时候，邀请玥玥向其他小朋友们介绍今天想出的分牌好方法以及新的猴子卡牌的玩法。吸引更多的小朋友前来共同玩“德国心脏病”，并且鼓励小朋友们尝试思考，还有哪些新玩法和大家分享。

表扬玥玥在游戏中表现出来的专注性和创造性，希望其他幼儿在个别化学习时也能像玥玥一样保持专注性，大胆发挥创造性。

比高矮

故事时间： 2019年4月28日

故事地点： 大三班教室

故事作者： 上海市金山区同凯幼儿园　李艳

故事主人公： 桤桤

故事背景：

初春的季节，天气还有些微寒，却挡不住阵阵的春意。班里的植物角越来越吸引孩子们的关注，孩子们每人种了一盆洋葱，有在水里的，有在沙里的，还有的种在泥土里。孩子们每天都会去照顾植物，给植物浇水和记录，观察植物的生长变化。一天午饭后自由活动发生的插曲，引发了孩子们对洋葱叶高矮的测量兴趣……

故事内容：

我正要给植物浇水时，突然听到桤桤和其他小朋友在吵，“我的洋葱种在了水里，水里种的洋葱长得快，你种沙里的洋葱长得慢！”我连忙走过去看看发生什么事情了，只见桤桤红着小脸，双手抱着胸，气鼓鼓的。原来是桤桤和小朋友们都认为自己的洋葱长得快。我望着桤桤说：“桤桤，你为什么觉得你的洋葱长得快呀？”桤桤指着自己的洋葱说：“老师你看，我的洋葱叶子长得高高的，直直的，当然我的长得最快了。”其他小朋友听到桤桤的话，也嚷嚷起来，“我的也长得直直的啊！”“我的洋葱长得也很高呢！”……我看了桤桤的洋葱，又仔细看了看其他小朋友的洋葱，一本正经地说：“大家的洋葱都长出了叶子，我们比一比不就知道谁的高了！”桤桤拍着脑袋说：“对哦！那我们一起比一比。”说着，他把自己种的洋葱，放在一个宽敞的桌子上，兴奋地问：“谁要来和我比呀？”一旁的辰辰自告奋勇：“我和你比！”辰辰把自己的洋葱也放在了桌子上，桤桤看到两人的洋葱隔得有点远，他马上提出建议：“我们的洋葱要挨在一起，这样才能看清谁的高、谁的矮。”辰辰听了桤桤的建议，频频点头，把两盆洋葱挨在一起，桤桤顿时跳起来说：“快看，我说我的洋葱长得高吧，哈哈哈哈。”辰辰却不以为然，望着桤桤认真地说：“不对，桤桤，你看，我的洋葱有一片叶子歪倒了，我们应该把它竖直了再比。”桤桤定睛一看，果然有片叶子歪了，其他小伙伴也应声道：“是歪了呢，辰辰看得真仔细啊！”桤桤不好意思地挠挠头，连忙把辰辰的洋葱叶子扶直，没想到超过了桤桤的洋葱高度，旁边的小伙伴叫道：“大家快看，是辰辰的洋葱叶长得高……”桤桤噘起了小嘴，还是不同意大家的看法，顿时孩子们又吵成一团了……

这时，我给孩子们出了一个主意，说："我们可以拿尺子量一量，这样就知道到底哪个洋葱叶长得高啦！"桤桤听后马上去拿了尺子来，把尺子竖在桌子上，眼睛顺着尺子的上端望去，对准洋葱叶的最顶端仔细地看，"我的叶子到45 cm这根线了！"量好后，他又给旁边辰辰的洋葱量了一下，"辰辰的洋葱叶到50 cm了！"桤桤喃喃自语："原来真的是辰辰的洋葱长得高呀！"辰辰看到桤桤测量的方法，连忙摆手，着急地说："你这样量不对！"桤桤皱着眉头问："哪里不对了，我的尺子竖得很直的，没有弯啊！"辰辰用手指着洋葱，对桤桤说："你不能把尺子放在桌子上量，要从叶子开始生长的地方量，这样才是最准确的。"桤桤不解地问："为什么呀？"辰辰耐心地解释说："如果从桌子这里开始量，就把花盆的高度也量了进去，可是这两个花盆的高度是不一样的啊！所以我们应该从叶子开始的地方量。"桤桤听了辰辰的解释，连连点头，又重新测量，这回他从叶子生长的地方对齐刻度0，将尺子竖直，看到叶子顶端的数字是35 cm，又用同样的方法量了辰辰的洋葱叶高度是45 cm。这回桤桤心悦诚服地对着辰辰说："果然还是你的洋葱叶长得高呢！"说完，几人开心地笑了起来。

回顾分析：

桤桤，你对自然角的植物充满了兴趣，你和辰辰对洋葱叶长得高矮的讨论，引起了同伴们的观察兴趣，你喜欢参与讨论问题，能够在同伴面前表达自己的想法并坚持。

老师在活动中发现你的社会交往能力真不错。当老师提出比一比的方法时，你不但能马上参与到活动中，还能观察到离得远无法比较的问题，并积极招呼同伴将他的植物靠近进行比较。在活动中，你总是能积极主动地回应别人对你说的话。当同伴告诉你比较的方法不对时，你也愿意倾听和接纳同伴的意见和建议。当你发现自己的洋葱确实长得没有辰辰的高时，你也能大方地承认。

下一步计划：

接下来，我会给孩子们提供更多的测量工具，如积木、纸张、铅笔、书本等，引导幼儿用多种不同的测量工具进行测量，在测量的过程中了解并掌握不同的测量方式。

在自然角，我还会给孩子们提供记录本，供孩子们观察记录植物的生长变化，包括植物的高度变化。

小积木 “搭”智慧

故事时间： 2019年10月28日

故事地点： 中班教室

故事作者： 上海市金山区同凯幼儿园　尹喜华

故事主人公： 玏玏（男，5岁，中班）

故事背景：

玏玏喜欢在建筑工地上自由地进行搭建，越有挑战的建构越愿意尝试。经过小班一年的建构，他能够掌握简单的平铺、延长、围合、垒高、架空等技能。

故事内容：

镜头一：巩固，组合后再叠放

角色游戏开始，你高兴地跑到建筑工地和我说："我今天要搭一家电影院。"你先用小正方形积木在垫子上围成一个大正方形，然后继续在大正方形里铺一层地板。当铺完地板之后，你自言自语道："电影院的墙太矮了。"于是你开始在电影院的墙上继续搭小正方形积木，电影院的墙越来越高，等到这个"工程"快结束时，小正方形积木先用完了。你看了看搭建的电影院，又看了看柜子里剩下的积木，你发现积木柜里还有三角形积木，于是你拿出两块三角形积木。你把两块三角形积木沿着直角边拼在一起，没有出现正方形，你继续旋转三角形，这次把两条斜边放在一起，正方形出现了！于是你又从柜子里拿出许多三角形，将它们两两配对地组合成正方形，小心翼翼地叠放到围墙上空缺的地方……

回顾分析：

玏玏，在活动中你主动选择了自己喜欢的建筑工地进行游戏。在搭建过程中，你始终充满着兴趣。你有计划地搭建电影院，可见你能自主安排活动，做事有一定的条理性。

你始终保持着专注性，在小正方形积木用完的情况下，你并没有放弃，你知道两块小三角形也能组合成为一块正方形，通过不断地尝试，你成功地验证了自己的想法。你的坚持和你的创造性都让老师为你鼓掌。

下一步计划：

玏玏，你能想到用两个三角形拼成一个正方形的方法满足材料的需求，老师会请你在游戏分享的时候向其他小朋友说说你遇到的问题和解决问题的方法。让大家都为你爱动脑筋的样子喝彩。

你已经掌握了许多搭建的本领，接下来，老师会在建筑工地提供更多的低结构辅助材料，到时候你也可以来试试哦。

镜头二：挑战，终于完美呈现

你先将7个小纸盒竖着排一排，然后又取了几个搭了另一边，你一边搭一边数，老师看到你把角上的那一个小纸盒数了两遍，就问你："为什么这个纸盒刚才数过了，现在又数一次啊？"你说："因为它是刚才那条边边的，同时也是这条边边的。"就这样，一个正方形的围合完成了。

你的同伴在帮你平铺木块做楼层，你看了看同伴铺好的五块木块，发现其中有一块不一样的木块。你对同伴说："这块木板和其他几块木块不平，等一下搭上去的楼层就会斜了。"说完，你把那块不一样的木块拿出来，又从柜子里拿出了一块木块放到了楼层上，"看，现在一样平了吧"。你拍了拍手向同伴说道。你在不断的数数、比较的过程中完成了大楼的主楼搭建。

当我以为你的工程结束时，你又拿起积木在旁边搭建了起来，我问你："这是什么？"

"我还要在边上搭小的正方形房子。"

"那小的正方形该用多少小盒子呢？"

"比7少的小盒子就能搭出小正方形房子了。"

不久，你的小房子也快要搭好了。你又拿了两块小三角形积木搭在楼层上面做屋顶，再用两块小长方形积木做烟囱。你朝我喊道："老师，快把我的作品拍下来！"

回顾分析：

劢劢，在建筑工地，你能巧妙地将老师投放的低结构辅助材料和清水积木结合在一起搭建。在搭建的过程中，你能边搭边用数数、比较的方法去检查你的搭建作品。当你用小纸盒搭建房子的围墙时，你知道在角落上的盒子都要算到它所在的两条边中，可见你对正方形的认知非常清晰；你还能感知和发现积木的厚薄，知道积木的厚薄不同会影响到建筑的牢固，你真是一个爱动脑的建筑小能手。

在发现同伴搭建的楼房中出现问题时，你能礼貌地和他交流，并告知他原因，成功说服他将不一样的木板换成一样的。可见你在与同伴交往中也有自己的好方法。

下一步计划：

我想邀请你将搭建的经验在集体分享中介绍给同伴，介绍的过程是你语言表达能力的锻炼，老师想看看你能否清楚地表达你的经验。同时，引发更多同伴对建筑工地的兴趣与尝试，积极参与到搭建积木的探索中。

另外，老师会在建筑工地提供iPad，这样你们每次活动结束之后都能自己拍照记录作品。老师会将一些好的作品照片打印出来，贴在我们的建筑工地，一起比一比、选一选我们班的建筑达人。

耶，我完成了！

——记楷楷的拼图活动

故事时间： 2018年12月12日

故事地点： 中三班教室

故事作者： 周驾颖

故事主人公： 楷楷（男，5岁，中班）

楷楷是个个性开朗的男孩，和大部分男孩子一样，喜欢积木类的材料，平时对于益智类的材料很少触及，但是最近却对拼图产生了兴趣。

故事背景：

班级里有不同的拼图材料，有平面的、立体的。到了中班我们投放了不规则的拼图，每幅拼图数量不超过10片。自由活动、个别化学习时，幼儿都能拿来操作。

故事内容：

镜头一：我不会拼

今天的个别化学习开始了。你搬着小椅子往周围看了看，平时喜欢玩的材料已经被小朋友取走了。你看到你的好朋友翊芯拿了一盒拼图，于是你就搬着小椅子来到她的旁边，和她一起拼图。

你从盒子里拿了一片较大的汽车形状的拼图，又拿了一块弧形的拼图出来，把两个拼在一起。接着拿了第三块拼图，想把它拼到原来已经“拼好”的两块拼图上，你拿着拼图不断旋转着靠近两块拼好的拼图，发现并不吻合。你看着手中的拼图又想了一会，还是把它用力塞到拼好的两块拼图上，把拼图也塞得变了形。你用力继续塞，往前一推，把“拼好的”和盒子里的拼图都推散了，有些掉在了地上，翊芯就喊了起来：“老师，楷楷把拼图都弄到了地上！”

于是，我来到你身边问你发生了什么，你一边捡地上的拼图，一边低着头说：“周老师，这个拼图怎么这么多块，我好像不会拼。”你捏着拼图说。“楷楷，不要着急，其实拼图也是有方法的，我们一起来看一看吧。”我笑着说，“你看一下盒子上，是不是有拼完的样子？”你点点头。“看看拼好是什么形状的？”我继续说。“正方形！”你提高了音量。“对，正方形有直直的边，我们可以把一边是直的拼图先找出来，试一下吧。”你从盒子里把直边的拼图块找了出来，并且把彩色面朝上摆在桌子上。我点点头指了指盒子上的示意图，你看着示意图拼着，很快把有直边的拼图拼好了。“看看中间还缺了什么？”我问。“是一个小汽车的形状。”你自信地说，并找出那块汽车形的拼图拼了上去。“完成了！你可以再试试完成不同图案的拼图，如果发现了不同的拼图方法也可以跟我们分享哟！”我说。你笑着点了下头，继续拼图任务。

回顾分析：

楷楷，今天老师很高兴看到你愿意探索新的个别化学习材料——拼图。在拼图的时候，你碰到了一些困难，但是你并没有放弃。在老师的指导下，你克服了困难，通过自己的努力和尝试，终于顺利完成了拼图。

在拼图的过程中，你始终保持着强烈的探索欲望，仔细观察着拼图上的图案，尝试把这些图案拼接到一起。在探索的过程中，你有着很强的专注性，基本上不受旁边其他小朋友的干扰。为你有这样的好习惯点赞。

下一步计划：

通过今天的拼图活动，你已经学会了一种拼图方法，老师会邀请你在分享的时候把这个好方法分享给其他小朋友，让他们也能学会你的本领。接下来老师还会投入更多不同类型的拼图等你们来挑战。

游戏过程中，我发现拼图收纳盒上的提示图太小了，老师也会进行调整，把这些提示图放大，供你们更方便地观察。

镜头二：多了一个

一周过去了，你拼图的本领越来越强，开始挑战立体拼图了。

这一天，个别化学习开始了，你毫不犹豫地选择了立体拼图的材料。你将小篮子里的9块拼图全部从框里拿出来放在了桌子上，然后将立体拼图都翻到了想要拼的小羊的那一面，接着你看了一会儿提示图后开始拼了。你一边拼一边看提示图，顺利拼出了小羊的图案。

你看着桌子上剩下的一块拼图说：“我拼完了，可是怎么还多了一块？”

“是吗？你用了几块拼图呢？”我问道。

听到我的问题，你开始低头数，你数完后告诉我：“8块。”我点点头，然后请你再看看任务卡上的拼图并数一数，你数了一下嘴里嘀咕着：“9块”。

“对啊，你发现问题了吗？”我问道。

“嗯。我少用了一块拼图。”你说道。

“那我们看着任务卡，重新一排一排从上往下拼，看会不会多一块。”

于是你从第一排开始拼，拿到了一块小羊角拼，放过去，好像和提示图有些不匹配，翻转一下翻到了小鸡，不对；再翻一下，奶牛，也不对；又回到了小羊角的一面，旋转一下，放上去和提示图对照，确定了这一块拼图的位置。你看了一眼提示图，然后在剩下的拼图堆里找，很快找到了第二块拼图，拿起它，放到了第二块的位置上……2

分钟后，终于把9块拼图都照着提示卡的位置放好，你又整体对比了一遍提示卡，兴奋地说：“耶，我完成了！”

回顾分析：

楷楷，今天你选择了难度更大的立体拼图，真是一个爱挑战的孩子。在拼图开始前，你能将所有的拼图先拿出来，并翻到你想要的那一面，说明你做事准备充分，有着一定的条理性。这个好习惯能帮你克服许多的困难。

当你第一次拼完后，你遇到了困难，发现多了一块拼图，但是你没有放弃，努力去找寻原因。在老师的引导下，你及时调整拼图策略，终于正确完成了拼图。活动中，你的专注力和不愿放弃的坚持让老师欣喜。

下一步计划：

我会请你向班上的小朋友分享你今天在拼图过程中遇到的问题，以及你后来解决问题顺利完成拼图的方法，让更多的小朋友学会拼图。老师也会投放更多有挑战性的拼图给你们挑战。

游戏中的你是如此专注与坚持，你的爸爸妈妈是否注意到你在做事时的专注与坚持呢？我会和你的爸爸妈妈分享你在游戏中的表现。下一次，当你碰到问题的时候，老师会更耐心地给你更多的时间尝试自己去解决问题。

有趣的动物数独

故事时间：2018年12月20日

故事地点：中一班教室

故事作者：周梦洁

故事主人公：木木（男，5岁，中班）

木木对益智类材料非常感兴趣，班级中大部分的益智材料木木都已经反复操作过，在操作中有较强的专注力，积极动脑寻求各种材料的新玩法，遇到困难也能积极主动寻求解决方法。

故事背景：

在主题“在动物园里”的个别化学习中，我们创设了“有趣的动物数独”活动。我们提供给幼儿四个难度从低到高的4×4格的动物方格棋盘（棋盘上原先固定好的动物越多，难度越低；反之，则难度越高）、动物图片若干套、空白4×4格棋盘一个。操作要求：棋盘每一列、每一行的动物都不重复。木木小朋友已经连续两天在个别化学习时选择了这份材料，并且将全部棋盘较快并正确地完成操作。

故事内容：

个别化活动一开始，木木第一时间又选择了动物数独这份材料。你将空白棋盘放在桌上，然后在棋盘上随机放置了几个动物卡片，但都保证了每一列每一行没有重复的动物。接着你开始进行推断空白部分的动物卡片，不到5分钟，你就把剩下空白的部分都填满了。“老师！我完成得快吗？每一行每一列都没有重复的动物哦！”你自信地说道。我看了一下棋盘，回答道：“完全正确！你比昨天更快地完成了！”

你把棋盘放回桌上，又把另外4块动物方格棋盘（棋盘上原先有固定好的动物）拿出来，看了一块棋盘又放下，再拿另一块看了看，再次放下。所有棋盘都看了一遍，就是没有继续操作，反倒把所有棋盘叠放整齐。

正当我以为你要结束这次操作时，你突然转过脑袋看着我说：“周老师，我觉得四个格子太简单了，上次那个‘动物找一找’是5个格子，我能玩那块板吗？”我说：“当然可以啦！”你又问：“那老师你还有别的动物吗？”我回答：“我这里没有多准备材料，你可以自己想办法解决吗？”“那我去找找！”过了3分钟，你找了班级一圈，并没有找到合适的。于是又问我：“老师，找不到动物。”“你看看教室里有没有什么材料可以帮你得到小动物?”你想了想,说:“那要不我自己去画动物吧!”

于是你跑到了美工区,用记号笔在铅画纸上画了一只小小的兔子,然后把它剪成了和其他动物卡片大小类似的方形,并放置在了“动物找一找”材料的五宫格上,开始摆放第一列的动物。完成了第一行的5个小动物时,开始摆放第二行,发现小兔子数量不够。于是你再次跑到美工区继续画起了小兔子。看我正在边上,问我:“老师,我要画几只啊?”我说:“你可以去观察一下之前的四宫格上每种动物有几只,再想想你的五宫格可能需要几只兔子呢?”你看了下刚完成的4×4格的棋盘上,嘴里嘀咕着:“小马有4只,小象4只,斑马4只,孔雀也是4只。”转头对我说:“周老师,我要画5只兔子,那刚刚已经画了2只了,只要再画3只就够了!”你画完了5只小兔子后,继续完成5×5格的棋盘。当所有棋盘上的动物都被填满后,你兴奋地对我说:“周老师!快看!5格的我也可以完成!”

图1　　图2　　图3

回顾分析:

在个别化学习活动开始后,你第一时间找到了“有趣的动物数独”这份自己感兴趣的操作材料,并且熟练地摆放、操作,能够按自己的想法进行游戏。可见你具有很强的学习主动性。

当你发现4格的材料太简单时,你能主动想要挑战更难的材料,并能想到以前玩过的其他材料的底板是5格,可以拿来操作。可见你能结合自己的已有经验,并大胆尝试新的玩法。你真是一个爱动脑筋的孩子。

当你发现材料中少一种动物时，你能主动向老师寻求帮助，在老师的提醒下，积极动手动脑，用前书写的方法帮助自己解决了问题。可见你遇到困难不放弃，愿意想办法继续尝试，善于坚持。

在整个活动中，你始终保持着很强的专注性。你还能对自己的计划和做的事情进行简单的分析，发现自己还需要做几只小兔子，可见你做事有一定的条理性。

下一步计划：

个别化学习后你能否与同伴分享今天的新玩法，将你找到的规律说给大家听一听呢？我也会继续提供更高难度的动物数独，例如：6×6格或7×7格的棋盘（每种依旧会提供不同难度的棋盘），期待你再次来接受新的挑战！

我已经迫不及待地想要和你的爸爸妈妈分享你今天在个别化学习活动中的创造性，让他们也为你的优秀表现感到高兴。

珠珠的秘密？我知道！

故事时间： 2019年11月9日

故事地点： 小二班教室

故事作者： 上海市金山区同凯幼儿园　姜英姿

故事主人公： 恺恺（男，3岁半，小班）

恺恺是一名活泼的男生，他对于班级里颜色鲜艳的东西特别喜爱，经常会提出：这是什么？

故事背景：

小班入园第三个月，本周的游戏材料新增添了颜色不同大小一致的珠子。“老师，这是什么？”看到珠子的小朋友都过来询问我，有的小朋友将它作为水果，有的小朋友把它们串起来……

故事内容：

你看到桌子上的彩色珠子，坐下摆弄起来：“我要给妈妈做一条漂亮的项链，她一定喜欢。”你从珠子堆里拉扯出一根长长的红色绳子。“红色的绳子真好看，她一定喜欢。”你左手拿着红色绳子，右手从篮子中取出各色的珠子，将珠子随意地一个一个地串了起来，红、红、红、绿、黄、绿、黄、绿、黄、黄、红……“老师，你能帮我把这个连起来吗？”“好的，没问题。”“老师你觉得我的项链好看吗？”“好看呀，尤其这段特别好看。（我指着绿、黄、绿、黄、绿、黄那段）这段是怎么样的呀？”“一个绿色一个黄色的。”

说完你顿了2秒钟，你又拿起一根蓝色的绳子，先串上了一个红色的珠子，接着串上一个黄色的珠子，红色、黄色、红色、黄色、红色……不一会儿一条红色、黄色间隔排列的项链便制作完成了。你抬头：“老师，这串是不是比第一串更好看点？”“嗯，我特别喜欢。”“老师，快帮我连起来，连起来。”你将打完结的“项链”挂在了“妈妈”的脖子上。

这时，你发现了篮子里排序方式的任务卡，你取出任务卡翻来翻去看了一下，“这几个点点是代表珠子吗？”我朝你点点头。你低头利用任务卡很快地串好了一条黄蓝间隔的项链。“嘿嘿，老师你再帮我连一下。”“好的，没有问题。”

使用完任务卡，你看向了“小一号珠子”，你取了一个绿色的大的珠子串到了绳子上，接着取了一个黄色的小珠子“跟”在后面，后面又是一个大的绿珠子……将珠子按照一个大的绿的、一个小的黄的模式串了起来。没2分钟，你又串好了一串项链，挂到了“奶奶”的脖子上……15分钟后，恺恺开始在篮子中四处翻找，“咦，没有绳子了，珠子也不多了，那我不玩了。”说完你便离开了。

回顾分析：

恺恺，你真是一个爱探索的孩子。你发现了这些珠子的新玩法，将他们用一定的规律串在一起后，你的项链太漂亮了。你还发现了任务卡的小秘密，按照卡片上的点点串项链，项链也很好看。

在活动中，老师还发现你的注意力非常集中。在15分钟的串项链活动中，你始终在认真地串着不同的项链，顺利完成了好多条项链。你用不同颜色或大小的珠子表征着ABAB的排列模式，你的专注性、坚持性和创造性都让老师感到惊喜。

下一步计划：

在游戏分享时，我会请恺恺向大家展示一下他串的项链，引导孩子们来观察一下项链的秘密。请恺恺向大家分享一下今天发现的任务卡的秘密，引导孩子们下次玩串珠子的游戏时也能用到任务卡，或者串出其他排列模式的项链。

我会提供更多的材料供孩子们操作使用，避免因为材料不够而导致孩子离开游戏的情况再次发生。在材料提供的时候我会提供更多的不同形状、颜色和大小的珠子，增加维度，为孩子们的创造提供更多的可能性。

玩具店里真热闹

故事时间： 2019年11月20日

故事地点： 大二班教室

故事作者： 上海市金山区同凯幼儿园　倪莉莉

故事主人公： 施博诚（男，6岁，大班）

故事背景：

游戏是幼儿最喜欢的活动之一，近期我们在开展“玩具总动员”的主题活动。孩子们从家中带来了各自的玩具和同伴分享、交换着玩，他们会关注玩具的功能、玩具的内部建构，对玩具产生了很大的兴趣。

故事内容：

今天诚诚开了一家自己的玩具店。自主游戏一开始，诚诚快速地把班级中所有小朋友的小椅子一个一个搬到教室中间的空地上，并且围成了一个大圈。接着诚诚又去玩具箱中取出幼儿自己带来的玩具，以及班级中现有的玩具，并将玩具按顺序摆放在每个椅子上。最后诚诚又从班级的百宝箱中找来了手工纸和记号笔，在每张手工纸上写上了不同的数字，放在每个玩具前面，摆好后他环顾了一下，又转身拿了一张蓝色、一张绿色的手工纸，在上面画了密密麻麻的点和线。

看到有这么多玩具，很快小客人就来到玩具店。思思拿起一个玩具对诚诚说：“我

图1　制作二维码

图2　给玩具标价

要买这个玩具。”

诚诚:“好的，价钱在纸上，你看一下，这个玩具要10元钱。”

思思:“这个玩具这么贵呀。”

诚诚:“对啊，这个玩具就是10元钱。”

思思:“可以便宜点吗？20元吧。”

诚诚:“20元？20元比10元贵，20比10大呀你知道吗?”诚诚瞪大眼睛有点激动地说道。

思思:“那你再便宜一点吧。”

诚诚:“不能便宜了，不能便宜了，10元已经是最便宜了。”诚诚摇摇头。

思思有点失望地说:“那好吧，我要买这个玩具。”诚诚转身拿了绿色的画满点和线的手工纸（二维码），对思思说:“你扫一下吧，10元钱哦。”思思举起手假装用手机扫了二维码，嘴里发出“嘀”的一声，诚诚收了钱后高兴地说:“正好10元钱，玩具给你，欢迎下次再来哦。”

当玩具店有顾客光临时，诚诚都是热情地接待并让顾客看标价扫二维码付钱。看到店里没“客人”光顾，诚诚在店里走了两圈后开始吆喝:“谁来买玩具呀？谁来买玩具呀？现在玩具打折了。”当苴苴从玩具店经过时，诚诚问道:“苴苴，你要买玩具吗？现在玩具打折，便宜了，原来卖10元钱的，现在只要8元。”苴苴看看诚诚手里的玩具摇摇头说:“我现在要去买菜。”一旁的远远听了说:“我要买这个玩具。”诚诚很高兴地说:“好的，8元钱，你扫这个就可以了。”又卖出了玩具，诚诚脸上露出了满意的微笑。

回顾分析：

游戏一开始你搬来了小椅子，找来了玩具，能够自己拿取手工纸和记号笔给每个玩具标上价格，并且一一对应地摆放，说明你在生活中能仔细观察身边玩具店内的摆设，有商品和价格一一对应的经验。你还会给不同的玩具写上不同的数字，说明你知道在玩具店中，商品上的数字是代表玩具的价格，你在数字和价格之间建立起了联系。同时你给不同玩具写的价格也不一样，可见你对不同玩具有不同价格也有了解和认识。在你与同伴的游戏中，你给玩具定价10元，但是当同伴与你讨价过程中你坚持自己的定价。当同伴说20元时，你及时解释20比10大，“20元比10元贵”，可见你对于20以内数字的大小有比较清晰的认识，知道数字20比数字10要大，在数字与商品价格之间建立联系，数字大的表示价格贵，数字小的表示价格便宜。

在没有客人购买玩具时，你始终坚守在玩具店中，想到了给玩具打折的办法，并通过叫卖的方法来吸引“顾客”。你还会主动出击，用玩具降价的方法吸引路过的同伴购买。你对于商品“打折”的理解是非常正确而又清晰的，打折表示价格便宜了，同时你也非常正确地理解了“便宜”与商品价格变化之间的关系，而且你在向同伴介绍时思路很清晰、语言表达很清楚，你说原来10元，现在只要8元。数字由大变小表示价格由贵到便宜的变化，可见你能把数学真正地用到游戏中、生活中。

下一步计划：

今天我在玩具店中看到了你非常精彩的游戏内容，也看到了你平时在生活中对周围环境以及周围人行为的观察是非常仔细的。在游戏分享的时候，我打算请你来介绍今天的游戏内容和感受，我希望你能向其他孩子介绍一下推销商品的好方法，和同伴们讨论还可能有哪些宣传、推销的好方法，多关注生活、多把生活经验迁移到游戏之中。

花花工作坊诞生记

故事时间：2019年3月5日

故事地点：大四班教室

故事作者：上海市金山区同凯幼儿园　王李英

故事主人公：琦琦（女，6岁，大班）

6岁的琦琦性格开朗，乐于与同伴友好交往，有较强的组织能力，在活动中经常会出好主意，深受同伴喜爱。

故事背景：

三八妇女节前夕，孩子们讨论给妈妈和奶奶们送什么礼物？大家都觉得女人大都喜欢花，送花一定会喜欢，于是自主游戏中卖花的游戏诞生了。

故事内容：

镜头一：工作台摆起来

游戏开始了。你开始搭建花店，在美工区域的角落，你将一张桌子作为花店的场地，桌子一面靠墙，一面背靠图书架，形成两边的工作区域，你摆放三个椅子，可供三名工作人员同时操作。工作台上有一个塑料小盒，放在操作台的中间。你把两个盒子放在桌子中间，其中一个盒子里放置了固体胶和剪刀等一些小工具，另一个盒子里放置了一些彩纸和废旧的小纸片，你把材料按材料类、工具类分两个盘子盛着，放在桌子中央。你给两名员工分配工作：梦梦坐在桌子边上整理制作完成的花，一朵朵按颜色分别插在鞋盒里面；涵涵用彩纸继续做着花，制作有条不紊。

回顾分析：

你和同伴一起动手布置操作台，你能合理摆放材料，知道材料摆放需要归类。作为老板的你还给员工分配任务。老师为你的领导力点赞。

你的冷静和聪敏，让我们看到了你是一个懂得思考的孩子，也是一个积极主动探索的孩子，更是一个做事非常有逻辑、有条理的孩子。

下一步计划：

你的操作台已完成，你已经对游戏有了新的想法，接下来如何游戏，我们拭目以待。

镜头二：花生意做起来

很快萱萱过来了，你热情地问："你要买什么花呀？"萱萱指了指红色的花说道："我要红色的？多少钱？”你看了看花，继续说道：“随便什么颜色都是一块钱一朵。”萱萱一边给钱（手制版），一边伸手说：“我要五朵。”你高兴地一手收钱，一手在鞋盒内拿了五朵红色的花给萱萱，第一笔生意成功。你整理好钱开始第二笔生意。这时候你对旁边的梦梦说道：“梦梦，我们要做个标签，每个人都问价格多麻烦呀？”你从桌上的盒子里面拿出一张彩纸，用蜡笔画了一朵花，又在花的旁边写了数字“1”，放在柜子旁边。涵涵喊道：“琦琦，红色的只有一朵了，他们都不喜欢绿色和蓝色的，我们来不及做红色的。”这时候的你想了一下立马跑到对面的小超市买了几个空瓶子回来，转头对涵涵和梦梦说道：“我们把瓶子和花一起卖，反正一朵一块钱，我们在瓶子里面插五朵花，随便什么颜色，就像大甩卖一样，卖10块钱一瓶。”两名员工同意了。说完，你立刻行动了，五个瓶子内的花全部插好了，随后你拿出一张纸撕开一半写上“10”。你在每一个瓶子前面贴了一张标签，开启大甩卖。准备完成，你开始叫卖。俊俊过来了，挑走了一瓶花，你得意地说：“我聪明吧，这样什么颜色都能卖掉……”一瓶瓶花眼看就要卖完了，萱萱又来了，你问道：“萱萱，你还要什么花？”萱萱说道：“我还是要红色的花，我还要五朵，我不要瓶子里面的，我不喜欢这些颜色。”这时候你挠了挠头发，有点为难的样子。这可怎么办呢？随后你又想了想说道：“那我先记下来，我们马上做，你等会儿再来买好吗？”萱萱同意了。只见你拿出一张纸，用红色蜡笔画了五朵花。转头，把纸给涵涵，说道：“萱萱要的，这上面写好了，五朵红色。”这时候，游戏结束的音乐响起……

回顾分析：

琦琦，你是一个有领导力的孩子。在这次游戏中，你专注于如何把花卖掉，如何进行搭配甩卖，同时你为两名员工分配工作，说明你是个非常有主见的孩子。

琦琦，你是一个善于合作的好伙伴。当你有了好主意，及时调整卖花方案后，你会主动和你的员工进行协商合作，并能及时付诸行动。

琦琦，在碰到顾客的难题时，你的冷静和聪慧，让我们看到了你是一个懂得思考的孩子，也是一个积极主动探索的孩子，更是一个有着逻辑思维能力的孩子。

下一步计划：

在游戏中，老师看到了你的领导力，看到了你的友好合作性，也看到了你遇事善思考和能坚持。在后续的活动中，我们会和其他小朋友一起分享你的故事。我们也会在后续的分享活动中探讨：顾客的要求和老板的设想不一致该怎么办？我们能否用订单的方式进行合作，在花店运行中，是否可以加入外送服务等。

颜色的奥秘

故事时间：2019年4月8日

故事地点：小3班教室

故事作者：上海市金山区同凯幼儿园　许天爱

故事主人公：若羽（女，4岁半，小班）

故事背景：

最近自主游戏中，幼儿对“开店”有了很大的兴趣，于是我与孩子们共同收集了材料，投放于百宝箱内。孩子们非常喜欢这些材料，在游戏中呈现了很多与生活经验相关的游戏情节。

故事内容：

镜头一：不一样的“果汁”

你在百宝箱处左右徘徊，这个箱子翻翻，那个箱子翻翻，犹豫了很久以后，你将半透明酸奶杯和扭扭棒都拿到了桌子上。你把扭扭棒拿在了手里，不断地绕啊绕，扭扭棒被揉成了一个团。团状的扭扭棒掉进了酸奶杯里，看到这一幕，你突然对旁边的好朋友熹熹说：“这是我刚才做的草莓汁！”熹熹拿在手里，假装喝了一口，夸赞道：“真好喝，我最喜欢喝草莓汁了！”得到了熹熹的赞美，你难掩喜悦，马上笑得眼睛眯成了一条缝。

一旁的烨烨听到了熹熹的赞美，马上对你说：“我要喝芒果汁！”此时你马上将黄色的扭扭棒绕成一个团放进了杯子中，一杯芒果汁就完成了。你突然又出现了灵感：“我们卖果汁吧！”于是你带着两个好朋友用彩色扭扭棒一起做出了各种颜色的果汁，唯独没有使用银色的扭扭棒。我好奇地问你：“你们怎么没用银色的扭扭棒呢？”你认真地回答我：“没有水果是银色的呀！”

回顾分析：

1. 从该自主游戏片段中可以看出，你的游戏水平较好，能够根据游戏的发展需要创设制作果汁的游戏情景。也正是该游戏情景体现了你对于颜色的认知较清晰。

2. 活动中，老师看到了你善于动脑，思维活跃。你已发展成具体形象思维，你在游戏过程中体现了“集合与分类”。观察你们的游戏，老师发现你们初步具备了按物体各种特征进行分类的经验，能够按照物体的颜色、用途、所用的材料、物体之间的相关性进行分类，如：在制作饮料的过程中，你没有将仿真水果直接制作为果汁，而是用扭扭棒作为替代物，并根据其颜色区分不同的果汁。

3. 你还将“一一对应”的逻辑关系运用到了游戏中去。你在游戏过程中，主要从不同物体的外部特征（此次主要体现为颜色）发现其共同点，从而实现一一对应，你清晰地将水果与颜色相对应，并能结合生活经验，排除了水果中不常见的颜色。

下一步计划：

1. 从以上两个案例中可以看出，你们的游戏过程就是你们生活经验的体现，同时游戏也是促进你们学习与发展的重要途径。老师会在你们游戏的过程中抓住逻辑思维教育的闪光点，以此为出发点进一步发展你们的逻辑思维能力。

2. 游戏环境的创设需以你们的现实经验为基础，应具有可变性。当环境适应你们的特点和需要时，你们才会积极主动地去探索环境，在与环境的交互作用中获得发展。随着你们经验的丰富，环境也要相应地变化，以激发你们的探索欲望。

3. 你关于“集合与分类”“一一对应”“演绎推理”的经验都受益于生活，才能融入自主游戏中。但是你的其他伙伴们会受年龄和生活经验的限制，往往会把各种颜色张冠李戴，因此接下来我会重点帮助你们梳理有关颜色的知识，并且提供一些图片或关于水果、蔬菜等的图书，供你们积累生活经验，使你们能够正确认识常见的颜色，说出其名称并进行一一对应及分类。

镜头二：卖完了怎么办?

你和小伙伴一起将制作完成的果汁整齐排列成了一排，放在了桌子上，大声叫卖了起来：“卖果汁啦！卖果汁啦！你们快来买啊！”这样的叫卖声吸引了不少顾客光顾。不一会儿果汁都卖完了。你和小伙伴在店里无所事事了。

“你们怎么不做生意啦?”我询问道。你指了指空空的桌面，“因为都卖光”。我紧接着指了指百宝箱，说道：“那你们快去百宝箱看看，还有什么材料可以做饮料呢?”在我的提醒下，你拉着伙伴来到了百宝箱，翻箱倒柜后，将一次性塑料杯、纸杯和手工纸拿到了店里。你拿起一张黄色的手工纸，揉成了纸团，放进塑料杯。伙伴熹熹看到以后，告诉你：“好像有点少了。”于是你们一起揉了四个黄色纸团，放进了塑料杯中。你拿起纸杯对熹熹说：“纸杯小一点，我们饮料做得少一点吧。”于是，你们揉了两个绿色纸团放进了纸杯中。游戏就这样继续进行了下去。

回顾分析：

1. 如同镜头一中所提到的一样，你是一个想象力丰富的孩子，对颜色的感知也是比较敏感的。游戏中你体现出了一定的演绎推理能力。你不仅根据抽象的颜色想象对应到了具体的饮料，而且能够根据物体的外形大小联系到对应的数量多少，大杯子放得多，小杯子放得少，说明你对数量多少的判断有了一定概念。

2. 在镜头二里，你通过对周围物品产生的遐想，开始用不同物品替代同一种物品，除了扭扭棒，还使用了手工纸替代果汁，从游戏的意义来看待实物，赋予物品以象征性，这是你发散性思维的体现。

下一步计划：

1. 你们逻辑思维的发展与生活经验密不可分，因此我作为老师，除了在学习活动、环境创设等过程中提高你们逻辑思维水平，更需要做一个有心人，将逻辑思维自然地渗透到你们的一日活动中。比如，我会引导你们学习分类和一一对应的关系，就可以根据共性，让你们将日常生活中的事物进行归类。可以利用班级中的游戏活动，让你们在游戏中学习和感受，在情境中认识颜色、区分颜色，学习颜色的对应以及按颜色分类。这样你们对于颜色的感知和经验会更加丰富，通过对颜色的分类和对应提升你们逻辑思维的发展。

2. 接下来我会重点捕捉你们在游戏中使用替代物的亮点，在集体评价中尝试进行分享，对你们无意中产生的表征行为进行鼓励。这样你们使用替代物的意识就会不断增强，游戏水平将不断提高，这也将有利于促进你们发散性逻辑思维的发展。

第四辑

“活”中显“灵动”

天真无邪的孩子，纯洁自然的天性，自在通透的智慧，这一切汇集在一起形成一幅孩子尽情游戏、挥洒热情的灵动画面。就如福禄贝尔所说："自发游戏是儿童内心活动的自身表现，是儿童最纯洁、最神圣的心灵活动的产物。"在游戏中，幼儿随心而动，在活动中构建经验，在活动中发挥潜能，在活动中拓展思维，在活动中灵动成长。

1 提升幼儿逻辑思维水平的活动方案

一、在行动中提升小班幼儿逻辑思维水平的活动方案

活动一：小班数活动“棉花糖”活动方案[1]

【设计意图】

小班幼儿虽然积累了初步的点数经验，但一旦物体的数量增多或者呈不规则排列时，幼儿就容易出现漏数、跳数、重复数等现象，部分幼儿还会出现手口不一致、说不出总数等问题。

数数对幼儿来说比较枯燥，而且需要不断在生活中实践练习。如何让幼儿在愉快的情绪中主动、乐于数数是我所思考的。本次活动通过引导幼儿扮演小班幼儿喜爱的“棉花糖”角色，创设“棉花糖抱一抱”“棉花糖装一装”的游戏情境，在游戏中幼儿反复数数、积累数数经验。幼儿在“数人”的过程中，也经常会出现把自己漏数的现象，因此引导幼儿说说是怎么数的，有什么好方法能数正确，这对于小班幼儿来说是有挑战性的，也是本次活动的重难点。本次活动旨在通过游戏情境，在幼儿数数、教师梳理的过程中提高小班幼儿数数的兴趣与能力。基于以上思考，我们设计了本次小班数活动。

【逻辑思维元素】

数数（能手口一致地点数5以内棉花糖的数量）；数量的比较（两个瓶子中棉花糖的数量比多少）。

【活动目标】在游戏情境中，尝试5以内的数数并说出总数，体验与同伴一起游戏的快乐。

【活动准备】自制“瓶子”。

【活动重难点】能正确点数说出5以内物体的数量。

---

[1] 许天爱，同凯幼儿园二级教师。

【活动过程】

（一）棉花糖抱一抱

导入：小朋友你们吃过棉花糖吗？（出示图片）棉花糖吃起来怎么样？

小结：棉花糖吃起来甜甜的、黏黏的。

师：今天我们小朋友来做棉花糖宝宝吧！（幼儿跟教师学做棉花糖）

1. 2颗棉花糖抱一抱

提问：你们看，这颗棉花糖有什么颜色在一起？

师：棉花糖宝宝们，你们也去找颗棉花糖朋友抱一抱好吗？儿歌停了，棉花糖宝宝抱一起不动了。

幼儿尝试2颗棉花糖宝宝抱一起。

小结：你们真棒，用眼睛一看就能找到一颗棉花糖宝宝抱一起。

2. 3颗棉花糖抱一抱

提问：这颗棉花糖有什么不一样？

师：这次棉花糖宝宝要3颗抱一起，你们会吗？儿歌停了，数一数是不是3颗棉花糖抱一起。

幼儿尝试3颗棉花糖抱一起。

提问：你们是几颗棉花糖抱一起？你是怎么数的？

小结：数棉花糖的时候要点一个数一下、点一个数一下，自己和别人都要数，这样就能找对朋友了。

3. 4颗棉花糖抱一抱

提问：刚才几颗棉花糖宝宝抱一起？比3多的还可能是几？

幼儿尝试4颗棉花糖宝宝抱一起。

提问：你们怎么知道是4颗棉花糖宝宝？

小结：数棉花糖的时候要看清楚，不多数也不少数，把每颗棉花糖都数进去就能数对了。

（二）棉花糖装一装

（教师出示瓶子）

导入：这里有很多瓶子，你发现这些瓶子有什么不一样了吗？

1. 第一次游戏

师：棉花糖要装进瓶子里才能卖出去，千万不能掉地上哦！

幼儿自主“装瓶数数”。

提问：你们的瓶子装了几颗棉花糖？请你数一数。

小结：大的瓶子可以多装一些棉花糖宝宝，小的瓶子可以少装一些棉花糖宝宝。

2. 第二次游戏

师：请你再找个瓶子装一装，装好了还要数一数，你们的瓶子里装了几颗棉花糖？

幼儿再次尝试“装瓶数数”。

提问：哪个瓶子里装的棉花糖宝宝最多？有几颗？哪个最少？有几颗？

小结：我们用数一数的方法就能知道哪个瓶子装的棉花糖最多，哪个瓶子装的最少。

延伸活动：

（出示棉花糖）你们看！棉花糖宝宝都装到我的瓶子里了，我们带到班级里去看一看、尝一尝！

个别化学习活动

活动名称：装棉花糖

活动材料：

糖罐底板2块；彩色棉花糖图片若干；骰子3个（与棉花糖颜色对应颜色的骰子、点数骰子、数字骰子）；废旧饼干盒。

活动玩法：

玩法一：

1人或2人游戏，轮流掷数字或点数骰子，按照骰子所示的数量取相应数量的棉花糖放进糖罐，棉花糖取完，数一数装了几颗棉花糖；比比谁的糖果多、谁的糖果少。

玩法二：

1人或2人游戏，轮流同时掷2个骰子（与棉花糖颜色对应颜色的骰子和数字骰子或点数骰子），按照骰子所示的颜色和数量取相应数量的棉花糖放进糖罐，棉花糖取完，数一数、比一比。

观察重点：

1. 与同伴共同游戏中是否有轮流的意识等。

2. 关注幼儿数学经验的水平。

数概念：按数取物、口手一致点数、说出总数等。

逻辑关系与分类：能根据棉花糖的颜色或形状特征进行匹配。

提示：

比较糖果的过程中，由于数量可能会超过幼儿能够数清的范围，教师可引导幼儿使用一一对应，或者颜色分类的方法进行比较。

活动二：小班数活动“小兔造新房”活动方案[1]

【设计思路】

小班幼儿喜欢探索不同图形，《3—6岁儿童学习与发展指南》对小班幼儿提出了“能注意物体较明显的形状特征，并能用自己的语言描述”的要求，由于小班幼儿的思维是具体形象的，我结合了主题“小兔乖乖”以情境式游戏贯穿整个活动，激发幼儿的探索兴趣，使幼儿更直观地看到图形的基本轮廓，并不受颜色因素的干扰进行图形认知，让幼儿在玩的过程中感知不同形状的图形，体验游戏带来的快乐。

我创设了给小兔造新房的有趣情境，让幼儿通过自主探索、体验感知、操作图形，感受图形带来的乐趣，获得帮助小兔子获得的成功感。

本次活动渗透的核心经验是“图形特征”。

【逻辑思维元素】

比较（通过观察发现图形之间的不同之处，从而对图形进行定义和分类）；一一对应（在造房子时找到相对应的图形进行匹配）。

【活动目标】

1. 通过看看、说说、比比，感知并区分圆形、三角形、正方形的特征。

2. 体验帮助小兔盖好房子的快乐。

【活动重难点】

重点：区分圆形、三角形、正方形的特征。

难点：三角形匹配。

【活动准备】

三角形、正方形、圆形、小房子等。

【活动过程】

（一）活动导入

导入：天气越来越冷了，小兔子想盖几间又温暖又漂亮的新房子，他想请小朋友来帮忙，你们愿意帮助他吗？

（二）认识图形

引导语：帮助小兔子造房子之前，我们要认识3位好朋友（出示图形宝宝）。

1. 重点提问：魔术变变变，变出哪位好朋友？请宝贝们来数一数它有几个角，几条边？

[1] 阮漪清，同凯幼儿园二级教师。

小结：三角形有三个角、三条边，所以叫三角形。

2. 重点提问：魔术变变变，变出哪位好朋友？看一看正方形有几条边、几个角？

小结：正方形有四个角，四条一样长的边。

3. 提问：还有一位好朋友，请一位宝宝来摸一摸？它可能是什么图形？

重点提问：有没有角？

小结：圆圆的，没有角，是圆形。

提问：你们见过哪些东西是圆形的？

小结：原来有那么多东西都是圆形的。

4. 引导语：老师这里有许多图形宝宝，图形宝宝想和你们做游戏。

提问：谁拿到了三角形宝宝？

师：正方形宝宝在哪里？

师：还有哪个图形宝宝呢？

（三）帮小兔子盖新房

提问：小兔子想请你们拿手中的图形帮助她盖新房，我们用掷骰子的方法来邀请你们，好吗？（掷骰子）

过渡语：房子造好了，小兔子想请宝贝们去她家做客，跟着老师一起去做客吧！

【活动延伸】

请小朋友在幼儿园里和家里找一找什么东西是圆形、正方形、三角形的。

个别化学习活动

活动名称：图形好朋友

活动材料：

各种图形模块若干、布袋一个、各种图形组成的图案若干、空白图案轮廓若干。

活动玩法：

玩法一：

幼儿取一个图形模块，找到与之相同的图形模块。

玩法二：

将图形模块放在布袋中，让幼儿来触摸猜测是什么图形，或者摸图形的幼儿描述图形的特征，由其他幼儿猜形状名称。

玩法三：

幼儿通过观察图案找到需要的图形模块，采取一一对应的方式将图案拼搭完成，或者观察空白图案轮廓，用图形模块进行组合拼搭，拼搭出相对应的图案。

观察重点：

1. 幼儿在拼搭中会有哪些图形组合产生。

2. 幼儿对图形特征的了解程度，能否通过语言把图形特征描述清晰。

提示：

教师还可关注幼儿使用图形有哪些创造性的玩法。

二、在行动中提升中班幼儿逻辑思维水平的活动方案

活动三：中班数活动“图形找朋友”活动方案[1]

【活动设计】

《3—6岁儿童学习与发展指南》中有关科学领域目标提出，4—5岁幼儿要能感知和发现常见几何图形的基本特征，并能进行分类。但是我们发现，对于中班幼儿而言，辨识并正确说出图形的名称几乎没有问题，难就难在要让幼儿根据图形间的特征进行比较、分类并用语言描述图形的特征等。因此，在本次活动中我们就融合了幼儿感兴趣的游戏内容设计了“图形找朋友”的游戏，巧妙地将图形的特征渗透在找朋友的游戏之中，让幼儿在看看、说说、送送、找找的过程中进一步积累和感知图形的特征，知道图形间相同特征越多，与它对应的图形朋友就越少；相同特征越少，与它对应的图形朋友就越多的道理。

【逻辑思维元素】

时空（通过观察了解、感知各种图形的特征）；逻辑分类（根据指令找相同特征的图形朋友）。

【活动目标】

1. 根据提示卡特征找到相对应的图形朋友，并能表述理由。

2. 培养幼儿的观察判断能力，体验图形游戏的有趣。

【活动重点】能根据提示卡找到对应的图形朋友。

【活动难点】用语言表述自己的选择。

【活动准备】

图形卡、提示信息、记分牌等。

[1] 钟蓓，一级教师，上海市金山区第七届“明天的导师”工程骨干教师，同凯幼儿园教研组组长。

【活动过程】

（一）看图形、说特征

1. 出示图形

重点提问：这是一个怎样的图形？有什么特征？

2. 小结：这两个图形在形状、颜色、边框线的粗细这三个特征上都不一样。

（二）看特征、送图形

导入：如果我给你特征信息，你能帮忙找出包含这些特征的图形吗？

1. 幼儿观察特征信息

导入：看看上面都有些什么特征？想想它可能是怎样的图形？

2. 幼儿观察手中的图形，并根据特征信息把图形送到对应的位置。

3. 集体验证。

4. 小结：你们真棒，不仅看清楚了图形特征，还正确地帮图形找到了对应的位置。

（三）看指令、找朋友

导入：每个图形都有自己的特征，那么图形和图形之间会有相同特征吗？我们一起来玩个"图形找朋友"的比赛，看看哪队可以正确帮图形找到相同特征的图形朋友！

1. 赛前热身：找3个特征相同的图形朋友

导入：（出示3的数字卡）找和这个图形有3个特征相同的图形朋友，说说哪3个特征相同。

小结：原来找3个特征一样的图形朋友就是和自己一样的图形。

2. 介绍规则：

（1）幼儿分两队进行比赛，每队8人；

（2）两队根据指令要求依次找图形朋友，并说出理由，找得正确的队伍得1分。

3. 两组比赛：

（1）找2个特征相同的图形朋友

导入：规则了解清楚了，我们就开始比赛了。先请你们帮图形找2个特征相同、1个特征不同的图形朋友，并说说理由。

（2）找1个特征相同的图形朋友

导入：这次要增加难度了，敢不敢接受挑战！（教师换指令卡）看清楚什么变了？

小结：相同特征越多，与它对应的图形朋友就越少；相同特征越少，与它对应的图形朋友就越多。

个别化学习活动

活动名称：图形骰子翻翻乐

活动材料：

图形骰子若干（六面分别贴有正方形、长方形、三角形、梯形、圆形、椭圆形等图形），任务单。

活动玩法：

玩法一：

两个幼儿共同游戏，根据任务单提示翻骰子，比比谁先找到符合提示的图形。

玩法二：

两个幼儿合作游戏，一个幼儿先翻出一面图形骰子，另一个幼儿去找和这个图形有相同特征的图形朋友，并说出它们的相同之处。

观察重点：

幼儿对于图形特征的掌握情况，能否根据提示找出相同特征的图形朋友。

提示：

教师还可以关注幼儿有哪些创造性的玩法。

活动四：中班数活动“找路”活动方案[1]

【设计思路】

进入“我在马路边”这个主题后，幼儿们对于生活中的道路以及路边的标志越来越感兴趣。但是当我请他们仔细说说上幼儿园的具体路线时，他们就开始说不清了，总是用“这里”“那里”来形容要走的路。显然幼儿还不能很好地使用方位和参照物来指明路线。

这样的例子在游戏中也很常见。有时候，运动游戏中需要幼儿们根据特定的路线来完成运送小球，但是总有幼儿会走错路线。由此可见，幼儿根据特定信息来寻找路线是有一定困难的，很多幼儿不太会借助参照物来找路。

基于幼儿的需要，我以“鼠小姐找路”为故事背景，将幼儿常常弄错的方向概念、空间概念和分析判断相结合，设计出了本节活动，让幼儿在理解信息内容的基础上，借助参照物找到最终的目的地，引导幼儿在游戏中体验数活动的乐趣。

【逻辑思维元素】

位置与方向（参照物在地图上的位置与方向）；位置的描述（尝试用语言描述去鼠小姐家以及回家的路线）；分析判断（按信息找路）；排序（能根据路线的顺序倒着排序）。

【活动目标】

1. 尝试理解信息内容，并根据信息顺序找到去鼠小姐家的路。

[1] 李颖，同凯幼儿园二级教师。

2. 感受帮助别人的快乐。

【活动重点】根据信息内容找到相应的路线。

【活动难点】利用参照物来寻找路线。

【活动准备】PPT课件、建筑图片若干、地垫若干、地图、笔。

【活动过程】

（一）倾听故事、鼠先生遇困难

1. 教师讲述故事（1）

重点提问：刚才鼠先生和鼠小姐有了什么约定？

2. 教师讲述故事（2）

重点提问：迷路是什么？迷路了怎么办？

小结：迷路就是找不到路，迷路了可以看地图、看路牌，还可以打电话询问。

重点提问：鼠先生会给谁打电话呢？他会怎么问？

小结：问路的时候要说清楚自己的位置，别人才可以为你指路。

（二）倾听信息，帮鼠先生找路

师：仔细听一听鼠小姐是怎么帮鼠先生指路的。

1. 幼儿倾听信息

重点提问：你听到鼠小姐是怎么说的？

这次你还听到了什么？

听清鼠小姐指路的顺序了吗？

2. 帮鼠先生找到路

小结：原来听清楚指路的信息与顺序就能找到想去的路了。

3. 把鼠先生送回家

（三）观察地图、寻找回家的路

1. 分组看信息找路并画出路线。

2. 幼儿分享交流。

3. 走一走不同的路线。

（四）活动延伸

体验从底楼活动室回教室的路线。

个别化学习活动

活动名称：做客

活动材料：

地图一块、题卡（印有路线要求）、小动物棋子。

活动玩法：

玩法一：看地图、找建筑

找找、认认地图上有哪些建筑，在什么位置；找找、认认地图上的交通标志，并说一说代表什么意思。

玩法二：寻找和设计做客路线

幼儿可根据题卡的要求设计去小猫家的路线，在地图上“走一走”相应的路线。

观察重点：

1. 幼儿在看地图的过程中，关注了哪些地图的要素或内容。

2. 幼儿设计路线图的方式及理由。

提示：

设计路线图，不仅可以增强幼儿对身边常见建筑（如超市、医院、水果店等）的了解，还能增强幼儿阅读、使用地图的能力，更能提升幼儿自主规划的能力。

活动五：中班数活动“找数字”活动方案[1]

【设计思路】

《3—6岁儿童学习与发展指南》提出“4—5岁幼儿能通过实际操作理解数与数之间的关系，如5比4多1”“会用数词描述事物的排列顺序和位置”等发展目标。中班上学期的幼儿已经能较熟练地分辨1—9的数字、多数幼儿已经有了1—9数字从小到大排列的意识与能力，但是对数字从小到大排列后前后之间的关系理解还较难，特别是小班刚升入中班的幼儿。因此，本次活动中未把了解数字之间的前后关系作为活动目标，而是引导幼儿关注数字两边的“邻居”是谁。

本次活动通过设计九宫格、结合数字1—9设计了游戏“找数字”，引导幼儿在观察已呈现的数字的基础上，让幼儿思考“数字几在哪里”“为什么你觉得在这里”，这对于幼儿是有挑战性的。幼儿首先要发现数字排序的规律，再推理出数字几在哪里，还要用语言表述自己的推断。在活动中，幼儿既体验到了数字可以横着排，也可以竖着排，但不管怎么排，数字的前后“邻居”是不变的，同时还激发了幼儿的思维，整个活动以游戏贯穿始终，使幼儿感受到和数字做游戏的有趣。

[1] 王雷雷，高级教师，同凯幼儿园副园长，金山区第八届“明天的导师”工程学科导师。

【逻辑思维元素】

数数（用不同的方法数一数九宫格）；排序（通过观察发现数字的排序规律）；逻辑推理（从已知数字推断数字的前面后面是数字几）。

【活动目标】

1. 在游戏中发现数字排序规律，并找出相应的数字。

2. 体验和数字做游戏的有趣。

【活动重点】发现数字排列规律，并找到数字朋友。

【活动难点】根据线索发现排序规律。

【活动准备】地上贴九宫格、1—9数字卡。

【活动过程】

（一）数格子

导入：地上有很多方方的格子，一共有几格？

重点提问：谁还有不一样的数法吗？

小结：原来数的方法不一样，只要我们不多数、不漏数，就能数正确。

（二）游戏"找数字"

导入：老师这里有很多数字宝宝，要和格子做游戏。数字宝宝要躲起来了，请你们的小眼睛闭闭好。

幼儿游戏一：

师：找数字1和3，为什么你觉得3在这里？

师：下面我要增加难度了，请到的小朋友从我的宝箱里摸一个数字，摸到几就从格子里找到这个数字并翻出来。

1. 摸数字找朋友

重点提问：为什么你觉得数字几在这里？

2. 数字宝宝都找到了，你发现了什么秘密？

小结：数字宝宝是从1开始从小到大横着往下排的。

幼儿游戏二：

师：数字宝宝说这个秘密被你们发现了，难不倒你们，这次它们要换位置躲起来，你们还能不能找到？

1. 看看谁没有躲起来？（2，4，7）

2. 摸数字找朋友。

重点提问：为什么你觉得数字几在这里？

猜一猜还有两个数字宝宝是几呢？你怎么知道的？

你发现这次数字宝宝又是怎么排的？

小结：这一次数字宝宝是从1开始，从小到大竖着往下排的。

（三）活动延伸

如果数字宝宝再换位置躲起来，你们还能找得到吗？我们把数字宝宝带到班级再去试试！

个别化学习活动

活动名称：数卡九宫格

活动材料：

九宫格底板两块、数字卡1—9、点子卡1—9（点子大小、排列不同）。

活动玩法：

玩法一：

幼儿取数卡或点卡在九宫格内进行排序，并说一说自己是怎么排的。

玩法二：

幼儿可随意把数卡和点卡放入两块九宫格内，从中找出相对应的点卡和数卡对对碰，找到了则配对成功。

玩法三：

按照顺序把数字从大到小或从小到大排序，摸一张点卡，找到九宫格内相对应的数字，找对了则配对成功。

观察重点：

1. 幼儿对不规则点子的数数水平以及数数方法有哪些。
2. 幼儿对规律的理解，能否对点子或者数字进行正向和逆向的排序。

提示：

教师还可关注幼儿有哪些创造性的玩法。

三、在行动中提升大班幼儿逻辑思维水平的活动方案

活动六：大班数活动“买菜”活动方案[1]

【活动设计】

《3—6岁儿童学习与发展指南》中有关数学认知方面有如下要求：能发现生活中许

[1] 钟蓓，一级教师，上海市金山区第七届“明天的导师”工程骨干教师，同凯幼儿园教研组组长。

多问题都可以用数学的方法来解决，体验解决问题的乐趣；借助实际情境和操作（如合并或拿取）理解"加"和"减"的实际意义；能通过实物操作或其他方法进行10以内的加减运算；能用简单的记录表、统计图等表示简单的数量关系等。所以在"有用的植物"主题开展过程中，我就结合幼儿的生活经验，创设了"买菜"的游戏情境，让幼儿尝试进行2组或3组数字相加的活动内容。由于幼儿已经有6以内分合的数经验，本次活动的重点我就定在了2组数字相加成7这一点上。这样幼儿在原先的基础上就有了提升，并能通过一些算式题的成列发现7的分合的规律（1+6=7；2+5=7……6+1=7）——加号左面的数越来越大，随之加号右面的数越来越小。在整个活动的过程中，我以买菜游戏贯彻始终，让幼儿不仅能避免数活动的枯燥、乏味，同时也能体验和同伴合作完成任务、小组竞赛的快乐。

【逻辑思维元素】

数的组成及运算（学习7以内数的组成，理解加法算式题的实际意义）。

【活动目标】

1. 通过游戏"买菜"，尝试2组或3组数字相加成7。

2. 能与同伴合作完成任务，体验竞争游戏的快乐。

【活动重点】尝试2组数字相加成7。

【活动难点】尝试3组数字相加成7。

【活动准备】自制蔬菜骰子若干、黑板、算式题。

【活动过程】

（一）听一听、猜一猜

1. 听歌曲旋律猜歌名《买菜》，引出买菜任务。

2. 出示买菜材料——蔬菜骰子，引导幼儿观察骰子上面有什么，表示什么意思？（蔬菜、价格）

3. 小结：骰子上面有不同价格的各种蔬菜，我们将利用这些材料完成买菜任务。

（二）加一加、买一买

1. 买菜任务一：教师买菜，幼儿算总价。

（1）规则：教师翻动2个骰子，幼儿根据骰子上显示的2种蔬菜计算出总价（5以内）。

（2）幼儿交流教师买的蔬菜总价，并说说计算的方法。

（3）小结：你们真棒，用加法一下子就能说出两种蔬菜的总价。

2. 买菜任务二：6元钱买两种菜。

（1）规则：① 两人合作买菜，总价为6元。② 买好的菜放到线的两边，尽量和同伴的方法不一样。③ 完成了马上回到座位上。

（2）幼儿交流用6元钱买了哪两种蔬菜，用算式题进行表示。

（3）小结：虽然加法算式题加号两边的数不同，但是两边相加的得数都等于6。

3. 买菜任务三：7元钱买两种菜。

（1）规则：① 两人合作买菜，总价为7元。② 买好的菜放到线的两边，尽量和同伴的方法不一样。③ 完成了马上回到座位上。

（2）幼儿交流用7元钱买了哪两种蔬菜，用加法算式题在黑板上进行记录，并说说算式题中的规律。

（3）小结：加号前面的数字是从小到大排列，加号后面的数字是从大到小排列，但是加号两边的数相加得数都为7。

4. 买菜任务四：7元钱买三种菜。

（1）规则：① 三人合作买菜，总价为7元。② 三人自己分工。③ 在规定时间内，比比哪组用7元买三种菜的方法又多又准确。

（2）幼儿记录每组的买菜方法，并集体验证。

（3）小结：7元钱买三种菜的方法还有很多，除了我们记录的，还有其他方法吗？

（三）想一想、算一算

延伸：7元钱如果买四种菜行吗？我们去个别化学习活动中继续去挑战吧！

个别化学习活动

活动名称：买菜

活动材料：

蔬菜图片（上面贴有价格）若干、数字骰子（标有数字4，5，6，7，8，9）、任务单、记录表等。

活动玩法：

玩法一：

幼儿根据任务单上的提示去购买相应的两种或三种蔬菜，计算蔬菜的总价，并在记录表上进行记录。

玩法二：

幼儿根据投掷的数字去买菜，看看有几种买菜的方法，并在记录表上进行记录。（如投掷的是5，则可以选一种5元的菜，也可以是两种或三种相加是5元的菜等）

玩法三：

两个幼儿根据投掷的数字一起去买菜，比比谁买的菜数量多。

观察重点：

1. 幼儿能否根据任务单去购买相应的菜，并计算出菜的总价。

2. 幼儿对加减算式题的掌握情况，能否知道不同的加减算式题会有相同的得数。

提示：

数字骰子上的数字可以根据幼儿对加减算式题的掌握情况进行调整。

活动七：大班数活动“蔬菜猜一猜”活动方案[1]

【设计思路】

《3—6岁儿童学习与发展指南》科学领域的目标之一是具有初步的探究能力。其中提到5—6岁幼儿能够观察、比较与分析，发现并描述不同种类物体的特征，同时主题活动“有用的植物”中的子主题“绿色菜篮子”的核心经验是，区别蔬菜的不同品种，积累有关蔬菜品种的经验。在日常生活中观察到班中幼儿对蔬菜的已知经验存在较大差异：一些幼儿对蔬菜品种知之甚少，一些幼儿知道蔬菜名称，但如何准确描述，如何根据信息猜测蔬菜存在一定困难。大班幼儿正处于语言表达明显提升的时期，且他们喜欢竞赛类游戏，合作意识和规则意识在逐步提升。基于此，我设计了集体活动“蔬菜猜一猜”，旨在引导幼儿在游戏情境中仔细观察、大胆讲述、联系猜测，体验集体游戏的快乐，丰富幼儿关于蔬菜的经验。

【逻辑思维元素】

观察比较（按一定观察顺序发现物体的明显特征）；分析描述（运用适切的语言抓住重点进行表述）；判断推理（根据已有经验验证自己的猜测）。

【活动名称】蔬菜猜一猜（大班）

【活动目标】

1. 通过观察、比较，描述某种蔬菜特征，并捕捉有用的信息大胆猜测。

2. 在猜一猜的游戏中，初步具有规则意识，体验语言游戏的快乐。

【活动重点】遵守游戏规则，通过观察、比较描述某种蔬菜的特征。

【活动难点】会根据所描述的蔬菜特征，猜出蔬菜的名称。

【活动准备】不同的蔬菜若干，蔬菜卡片20张。

【活动过程】

（一）回忆“猜一猜”的玩法

问：你们玩过猜谜游戏吗？是怎样玩的呢？

---

[1] 胡旻旻，同凯幼儿园二级教师。

小结：原来说谜语的人要抓住事物的特征，提供一些关键信息，但不能说出事物的名称。猜谜的人要听清这些信息，根据自己的判断，大胆说出自己的猜测。

（二）尝试“猜一猜”的玩法

过渡语：今天我们就来玩“蔬菜猜一猜”的游戏，记住哦，今天猜的都是蔬菜。

准备：幼儿分成两队，每队6个宝宝，给自己的队伍取名字。

游戏规则：

1. 请一名幼儿看一看、摸一摸、闻一闻教师提供的蔬菜，并用自己的话给小朋友们提供重要的信息。

2. 其他幼儿听清楚这些信息以后进行判断、大胆猜测。

小结：原来看看、摸摸、闻闻蔬菜的小朋友要说一些关键的重要的信息，比如蔬菜的颜色、形状，闻起来的气味，生长的地方，吃起来的味道等，我们就能准确猜出是什么蔬菜。

（三）游戏：猜一猜、比一比

过渡语：我们要进行比赛，每次请两个队伍依次派出一名选手。什么是“依次”？

游戏规则：

1. 选手坐在前面，背对大屏幕，其他幼儿仔细观察图片上的蔬菜，说一些重要的信息。

2. 选手听清楚大家提供的信息，抢先摁小铃说出答案。

3. 猜对可以给自己队赢得1分。如果错了，另一位选手继续猜，直到猜对。

4. 看一看哪一组幼儿猜中的蔬菜最多，这一组就获胜。

小结：今天玩了猜一猜的游戏后，我们知道了观察图片的小朋友在说的时候要说一些重要的信息，而猜的小朋友要仔细听清楚信息，这样才能猜得又快又准。而且我们认识了许多不同的蔬菜，它们的味道不同，营养也不同，所以每样蔬菜都爱吃，身体更健康。

延伸活动：

这样的游戏真好玩，老师还为大家准备了许多图片，在“逻辑思维小游戏”的时候还可以和好朋友一起玩玩。

个别化学习活动

活动名称：蔬菜猜一猜

活动材料：

蔬菜卡片、计分牌、空白纸、彩笔。

活动玩法：

1. 选择两个幼儿作为参赛选手。

2. 其他几个幼儿选择一张蔬菜卡片，或者画一个卡片上没有的蔬菜，并轮流进行描述。

3. 不能说出蔬菜名字中的任何一个字。

4. 两个参赛选手根据听到的描述进行猜测，猜对的幼儿得1分，得到分数最多的幼儿胜利。

观察重点：

1. 幼儿对不同种类蔬菜的外形和性质的初步认知有哪些。

2. 幼儿能否借助语言，在抽象的层面通过比较实现一一对应。

提示：

教师可以关注幼儿对于此游戏的其他游戏规则的理解情况。

活动八：大班数活动“扎鲜花”活动方案[1]

【设计意图】

随着年龄的增长，大班幼儿的抽象思维能力不断提升。在日常的生活中，我们经常能听到孩子们相互出题做简单的数学计算游戏，将数的组成作为加减运算的工具与基础。因此，我设计了这节“扎鲜花”的教学活动，借助数的组合和口述的“订单”情景，促进幼儿抽象数运算能力的发展，提高幼儿运算的抽象思维水平。

数的“分解与组合”是大班阶段幼儿积累的一个认知点，通常幼儿能迅速并流利背出10以内数的组合与分解方法，但是对于每个数字所代表的真正含义并不理解。基于以上思考，“扎鲜花”运用游戏的方式，旨在通过订单的变化，引发幼儿思考“该怎么组合才能完成订单”等问题，开展讨论并实践，促使幼儿运用已经积累的经验，解决游戏中“订单”出现的问题，让幼儿在“扎鲜花”的过程中，获得智慧，体验快乐。同时，在活动中鼓励幼儿基于操作、问题情境理解数的分解与组合，有效地增强幼儿在概念水平上对数运算的理解，并进一步促进幼儿灵活运用加减法。

【逻辑思维元素】

数的组成（在不同组合的扎花过程中感知10以内的组合）。

【活动目标】

1. 在游戏中运用已有的数经验（数的分解与组合、目测数群）解决游戏中出现的问题。

---

[1] 杜德丽，一级教师，同凯幼儿园教研组组长，同凯幼儿园骨干教师。

2. 理解订单的要求，体验游戏的快乐。

【活动重难点】

重难点：能根据订单要求扎出不同的花束。

【活动准备】花的图示、8个圈、2筛子、标示若干。

【活动过程】

（一）开花店

1. 孩子们，今天杜老师想开一家花店，我来做老板，你们做我的鲜花。

2. 我的花店刚开张，今天只卖两种花（玫瑰花、百合花）。

3. 你们想做什么花？

4. 追问：可是我分不清鲜花的种类，你有什么好办法能让我又快、又准确地区分吗？（按照男生、女生的方法分类）

5. 介绍花店中花的价格：玫瑰花1元钱、百合花2元钱。

※（教学提示：帮助幼儿梳理花的种类与价格，用最快、最方便的方法区分自己是什么种类的花，为接下来的游戏埋下伏笔。）

（二）我们的订单

第一批订单

过渡语：孩子们，你们记住自己是什么花了吗？你们的花多少钱？……记住了，我们的花店开张了！

订单要求：用2朵花扎成一束花。

追问：你是什么花扎成的一束花？价格多少？还有其他的方法？

（邀请4名幼儿，其余幼儿对游戏结果进行验证。）

小结：原来这批订单中的一束花，既可以是2朵玫瑰花，也可以是2朵百合花，还可以是1朵玫瑰、1朵百合花。虽然同样数量的花朵，但因为花的种类不同，所以价格也不同。

※（教学提示：这个环节是试玩游戏，参与游戏的人数不宜过多，主要为了给所有幼儿做示范，一部分幼儿参与游戏，一部分幼儿进行核对。因此订单没有过多的要求，可有多种方式组成。鼓励幼儿运用不同的种类扎成一束花帮助幼儿拓展思路、了解游戏规则为接下去的游戏做铺垫。）

第二批订单

过渡语：我们完成了一束只有2朵花的订单，顾客非常满意，又给我们追加了第二批。

订单要求：用2个品种4朵花，扎出一束花。

提问：你们这束花由哪些花组成？价格是多少？

追问：为什么花的数量相同，但价格却不同呢？

小结：不一样的组合，凑出来的价格就不同。

※（教学提示：教师用语言描述订单时语速要慢，口齿清楚同时可以配上手势，帮助幼儿理解；提出订单要求后，要给幼儿留有思考的空间，不要急于让幼儿参与游戏，同时鼓励幼儿想出多种组合的方法，对于幼儿不同的想法，教师给予肯定，如果幼儿没有想到或者有争议，大家可一起商讨。）

第三、第四批订单

过渡语：因为我们订单完成得又快又好，所以花店的生意也越来越多。瞧，第二批订单、第四批订单也来了。

第三批订单要求：用3朵花扎成5元的一束的鲜花。

第四批订单要求：随机扎花，利用2个骰子进行随意拼扎。

（骰子1：数量　骰子2：价格）

追问：你们的这束花又快又好，你有什么好方法?

小结：听清楚要求，我们才可以扎得更快、更好。

※［教学提示：此环节教师运用幼儿已有的经验进行巩固学习。理解数的组合与分解，随机的掷骰子对幼儿有挑战（目测、心算等），因此当骰子随机扔完后，教师必须留有时间让幼儿充分观察，并有意识地让幼儿先说一说他们对数字的含义的理解。教师可以根据幼儿的实际情况进行游戏的跟进。］

【活动延伸】

师：我们顺利地完成了四批订单，我们的生意越来越好，顾客的要求也越来越高，我们要扎更大的花束，你们信吗？好！我把订单放在区角游戏中，你们自己去试试。

个别化学习活动

活动名称：鲜花店

活动材料：

（1）骰子2个（价格、数量）。

（2）2种鲜花图片若干。

（3）插花花盆。

（4）笔。

（5）记录纸、任务卡。

活动玩法：

玩法一：根据任务卡中的数字和鲜花种类进行捆扎鲜花。

玩法二：根据骰子上的数量进行捆扎鲜花，并计算出价格。

玩法三：根据掷骰子上的价格进行随机扎花，比较鲜花的数量及种类。

玩法四：根据投掷骰子上的价格、数量进行捆扎鲜花并进行记录。

观察重点：

1. 幼儿能否看懂任务卡并有目的地完成任务。

2. 理解数的组合与分解，幼儿能对随机掷骰子进行目测、心算其数量和价格。

提示：

教师还可关注幼儿有哪些创造性的玩法。

活动九：大班数活动“站圈乐”活动方案[1]

【设计思路】

《幼儿园教育指导纲要》要求学生能从生活和游戏中感受事物的数量关系并体验到数学的重要性。而我此次活动设计来源于幼儿生活：在一次游戏中看到两个小朋友的圈重叠套住了同一样玩具，这两位小朋友也因为这个玩具就开始有了争执，到底这个套住的玩具是属于谁，大家各执己见。

因此我抓住这样的契机，设计了本次活动，有了集合、交集的概念，整个活动改变了枯燥的环节，以好玩的游戏贯穿始终，层层递进，不断深入，从套圈计数→看要求“站圈”→尝试多种方法站圈，通过解疑、个别记录帮助幼儿了解集合和交集的意义；通过分组游戏、小组记录、讨论、探索等方式，培养幼儿合作学习的意识和能力，学习用多种方式表现、交流、分享探索的过程和结果；并且活动中选择的材料也是平常可见的呼啦圈，方便简单，对于幼儿来说并不陌生，使幼儿获得直接经验和感受，让幼儿在“玩中学、学中玩”中真正体验到数活动的趣味性。

【逻辑思维元素】

集合（理解公共部分的含义，能正确计数两圈集合数量下的多少、尝试按要求站圈）；分析判断（看要求站圈、理解图示，判断是否站的和要求图示一样）。

【活动目标】

1. 初步了解集合，尝试正确计数两圈集合数量下的多少，并按要求站圈。

2. 在活动中体验成功的快乐。

【活动重点】理解公共部分的含义，能正确计数两圈集合数量下的多少，尝试按要求站圈。

【活动难点】能按要求站圈并且正确记录下来。

【活动准备】PPT课件、大呼啦圈若干。

---

[1] 汤磊，二级教师，同凯幼儿园骨干教师。

【活动过程】

（一）套圈计数

1. 解疑、理解公共部分

（1）讨论套了几个罐子

师：昨天汤老师和阮老师玩套圈游戏，可是遇到了一点小麻烦，你们来帮忙看看，好吗？你觉得汤老师的黄圈和阮老师的蓝圈分别套了几个罐子？（幼儿回答）

师：你们都觉得黄圈套了2个罐子、蓝圈套了2个罐子。

师：你们有没有发现这次的套圈有啥不一样？（幼儿回答：有1个罐子，黄圈、蓝圈都套到了……）

教师小结：原来中间的1个罐子，黄圈套住了、蓝圈也套住了，我们把中间被黄圈、蓝圈都套住的部分叫公共部分。也就是说，这1个罐子既是蓝圈的，又是黄圈的。

（2）教师记录

2. 幼儿尝试、记录数量

（1）个别记录

师：我们知道了公共部分的算法，请你看看这次的套圈，黄圈和篮圈分别套了几个罐子？

（幼儿回答并记录）

小结：你们真棒！把公共部分都算进去了，这样就能正确算出套到罐子的数量了。

（2）分组记录

师：老师这里还有几组套圈，请你帮忙记录，竖起耳朵听清楚要求哦。① 5个人为一组。② 认真观察讨论黄圈和蓝圈分别套了几个罐子。③ 每组派一个代表记录。有问题吗？

（开始，1，2，3，4，5。5人一组以此类推）

（3）交流结果

师：第一组派个代表介绍一下你们的记录（幼儿介绍）。

教师追问：有不同意见吗？（以此类推第二组、第三组介绍）

小结：只要仔细看、不漏数公共部分，就能正确记录出所套的罐子数量。

（二）看要求“站圈”

1. 幼儿观察理解要求（个别幼儿介绍）

师：今天老师带来了很多圈，想不想用圈玩个“站圈”游戏？但是玩这个“站圈”游戏是有要求的，谁能看明白？

2. 幼儿游戏

第一次：4人（黄圈2人、蓝圈3人）。

教师验证结果。

第二次：4人（黄圈1人、蓝圈4人）。

师：仔细观察这次的要求有什么变化？（幼儿验证）

第三次：4人（黄圈4人、篮圈2人）。

师：这次要求和上次比，变化在哪里？（幼儿验证）

第四次：4人（黄圈3人、篮圈3人）。

师：请后面的四位小朋友看清楚要求上来试一试。（共同验证）

小结：同样4个人可以有不同的站圈方法。

（三）尝试多种方法站圈

1. 看图理解要求

师：请你们看清楚我的要求是什么。（① 5人；② 先在圈内站一站，再用圆点记录；③ 邀请5位小朋友尝试站圈。）

师：之前我们4个人有许多不同的站法，请你们想想5个人会有很多站法吗？

2. 幼儿站圈记录

师：那请你们听清楚要求。（① 5位小朋友；② 站一站并记录；③ 比一比哪组速度又快方法又多。）

3. 交流记录结果

小结：原来5人站圈有那么多不同的站法。

师：你们觉得还有其他的站法吗，老师把圈放在操场上，我们再试试，好吗？

个别化学习活动

活动名称：圈玩具

活动材料：

塑料小圈、各交通工具组模型、记录纸、任务卡。

活动玩法：

玩法一：自己摆放各交通工具模型并做记录，说说自己是如何进行分类的。

玩法二：根据任务卡的提示，尝试进行摆放各交通工具。

观察重点：

1. 幼儿在操作过程中，关注幼儿发现、观察比较、归纳事物特征的能力。

2. 幼儿在游戏中感受交通工具是如何进行分类的。

提示：

在操作过程中，让幼儿利用交通工具材料按照物体内在的包含关系进行层次分类、归类活动，培养幼儿观察比较、归纳事物特征的能力。

在行动中提升幼儿逻辑思维水平的游戏方案

一、逻辑思维小游戏

（一）小班幼儿逻辑思维小游戏设计方案

游戏名称：数熊山

所需材料：无。

玩法提示：幼儿自由装扮成“大熊山”（弯腰，双手撑地，双腿伸直或跪坐在地上），其他幼儿数一数、拍一拍大熊山。

观察要点：观察幼儿对点数活动的兴趣如何，是否能正确点数“大熊山”的数量。

图1

图2

图3

游戏名称：快快躲起来

所需材料：在场地上设置大小不同的圈，乐曲。

玩法提示：幼儿模仿熊走路、跳舞等，音乐停止，听到“大熊来了”，赶快躲进大圆圈；听到“小熊来了”，赶快躲进小圆圈。

观察要点：

1. 观察幼儿能否按照口令选择对应的大小不同的圆圈。

2. 观察幼儿能否大胆表现“小熊”走路、跳舞的形态。

安全贴士：奔跑中及时避让同伴。

图4

图5

图6

图7

游戏名称：玩转绳子

所需材料：不同长短、材质的绳子若干。

玩法提示： 幼儿选择绳子，在自主摆弄中感知不同的长短，尝试摆放各种形状。

观察要点：

1. 观察幼儿是否对不同绳子材料感兴趣，愿意摆弄。

2. 观察幼儿能否发挥想象力，利用绳子材料拼一拼、摆一摆。

安全贴士： 提醒幼儿注意脚下安全，不要被绳子绊倒。

图8

图9

图10

游戏名称： 送糖果

所需材料： 同花色扑克牌1—7，圆形纽扣（木珠）若干

玩法提示： 幼儿任取一张牌根据牌的数字取相应纽扣送到牌面上。

观察要点： 幼儿对数物对应的理解。

图11

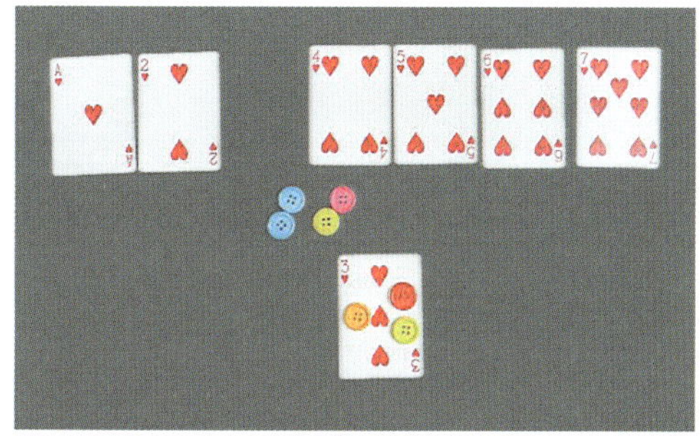

图12

游戏名称：学小动物叫

所需材料：扑克牌1—5、小动物牌5张（小鸡、小猫、小鸭、小狗、小牛）。

玩法提示：幼儿分别把两组牌背面朝上摆放成两排。每次随意抽取两张（一排各一张），并根据抽到的牌的数字学小动物叫声。

观察要点：

1. 幼儿对游戏规则的理解。
2. 幼儿能否按照牌上的数字尝试小动物叫。

图13

图14

图15

（二）中班幼儿逻辑思维小游戏设计方案

游戏名称：沙滩寻宝

所需材料：小沙池、小贝壳与鹅卵石若干，圆点骰子一个，加减符号骰子一个，小沙漏一个。

玩法提示：

1. 幼儿两人一组，在小沙池里寻找贝壳和鹅卵石，用沙漏计时。沙漏里的沙子全部漏完后，数一数谁找到的贝壳和鹅卵石比较多。
2. 感受沙子的流动性，并且使用不同筛子观察沙子在游戏中的不同状况。

观察要点：

1. 观察幼儿对数量比较的能力。
2. 观察幼儿与材料的互动，体验沙子在不同筛子中的流动速度。

图16

图17

图18

图19

游戏名称：量一量

所需材料：户外场地（走廊、跑道等）。

图20

图21

玩法提示：游戏前先猜测走廊或跑道有多少步长，再跨步数数它们到底有多少步，并和同伴说一说。

观察要点：

1. 幼儿利用自然物测量方法以及初步记录的情况。

2. 幼儿比较走廊或跑道多少步长的方法以及对长短比较相对性的理解水平。

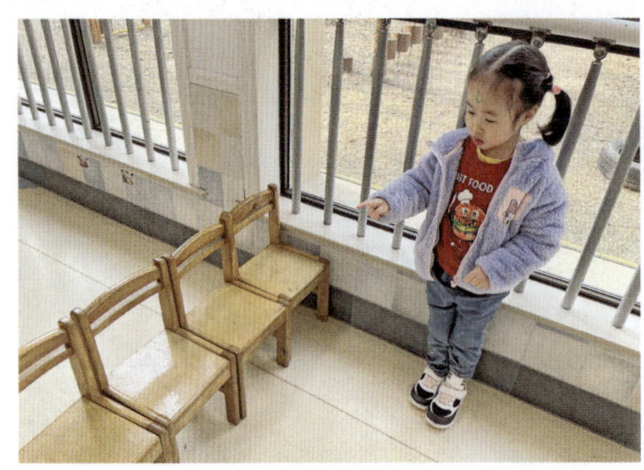

图22

图23

图24

图25

游戏名称：看谁记得住

所需材料：幼儿常见的物品，如笔、剪刀、铅画纸、彩纸等幼儿熟悉的物品若干。

玩法提示：

1. 将准备好的物品散落在桌上，请幼儿观察记住物品的名称与数量。在规定的时间里再把物品遮盖住，请幼儿说说藏了哪些小物品。

2. 幼儿间相互比赛，说说各自记忆中的物品种类、数量，比一比谁记住的更多。

观察要点：

1. 幼儿对物品的名称、特征、功用、归类等已有的认知经验。

2. 幼儿类概念的现有水平如何，分类方法是否多样。

图26

图27

图28

游戏名称：快乐小车

所需材料：椅子、车票。

玩法提示：用椅子搭成三列火车，分别编上1、2、3号。幼儿每人一张带座位编号的车票，如第三列火车第五节车厢就写3—5。幼儿在音乐中学开火车，音乐一停，幼儿依照车票号码找座位坐下，教师当列车员查票，看谁找得又快又对。

观察要点：

1. 幼儿按数入座的方法、经验和兴趣。

2. 在结伴游戏过程中，幼儿遵守游戏规则的意识。

安全贴士：椅子排放的距离要适当，避免幼儿在游戏走动时碰撞。

图29

图30

图31

图32

游戏名称：投一投，排一排

所需材料：骰子两个（有颜色、四种图案标识）。

玩法提示：幼儿投骰子，根据骰子的提示进行有规律的排序。

观察要点：幼儿是否能看懂标识，有哪些排序的方法。

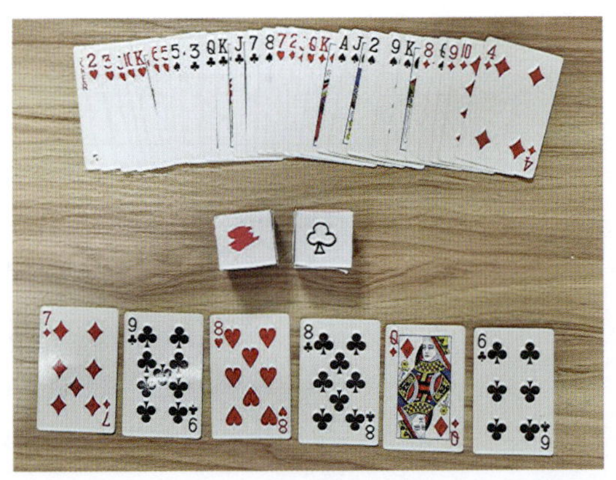

图33

游戏名称：摆竹竿游戏

所需材料：扑克牌一副。

玩法提示：两名幼儿拿相同数量的扑克牌，一个人一张往下摆，如果碰到和自己所出的牌一样大小的，就把手里和底下相同牌之间的扑克牌通吃，如果谁把对方的扑克牌全赢过来游戏结束。

观察要点：幼儿的观察力、坚持性如何。

图34

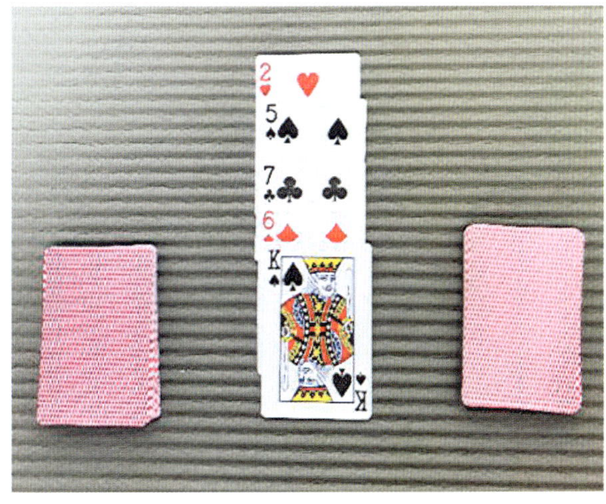

图35

游戏名称：大吃小

所需材料：1—10的四色纸牌。

图36

图37

玩法提示： 两人一组，将牌发完后轮流出牌，每次每人出一张牌，比一比谁手上的牌面数字大，若两张牌的数字一样大，就各自收回。若不一样大，则数字大的牌就可以把数字小的牌“吃掉”（吃掉后两张牌要放在旁边，不可重复出牌），直到牌出完。比一比谁的牌多，牌多者取胜。

观察要点： 幼儿对数字比大小的认知情况。

游戏名称： **翻翻乐**

所需材料： 双色1—9纸牌（其中A=1）。

玩法提示： 把纸牌平放在面前，两人轮流各翻两张牌，同时翻开两张数字相同的纸牌即可拿走，获得纸牌多的获胜。可根据幼儿能力或熟悉程度增减纸牌数量，第一次可以尝试1—6，然后逐渐增加。

图38

（三）大班幼儿逻辑思维小游戏设计方案

游戏名称： **最佳组合**

所需材料： 户外活动场地。

玩法提示： 幼儿各自分散站好，注意听口令。当发令者说“两双手！”时，幼儿就要去找同伴的手，和自己的加在一起，变成两双手；当发令者说“时间到”时，没有完成口令任务的幼儿即被淘汰。在幼儿熟悉游戏的玩法之后，教师可增加难度，例如五个头、六对脚、20根手指等。

观察要点：

1. 观察幼儿彼此之间的默契程度和计数的能力，了解双、个、对等量词的具体含义。

2. 引导幼儿在一定的场地范围内游戏并注意走、跑、组合时的安全，避免相互碰撞。

图39

图40

图41

图42

游戏名称：影子有多长

所需材料：南面操场、纸盒、绳子、积木等。

玩法提示：

1. 找一个好朋友两人合作，借助不同的工具量量同伴的影子，看看同伴的影子需要多少纸盒或需要多少积木。

2. 两人合作，使用同一种工具测量对方的影子，比一比谁的影子长。

3. 在操场上找一个物体的影子，使用不同的材料对其影子进行测量，把自己测量的结果记录下来与同伴进行分享。

观察要点：

1. 观察幼儿选择哪些工具测量，并且对“首尾相接”测量方法的把握。
2. 观察幼儿如何记录不同的测量结果。

图43

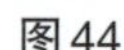

图44

图45

图46

游戏名称：图形拼拼乐

所需材料：三角形KT板、室外操场。

玩法提示：幼儿利用材料进行图形组合，可以合作对图形进行创意拼搭。

观察要点：

1. 观察幼儿在摆弄图形的过程中如何拼搭出立体造型。
2. 观察幼儿在游戏中是否有合作行为。

安全贴士：提醒幼儿注意三角形KT板的角，避免误伤。

图47

图48

图49

图50

游戏名称：小侦探

所需材料：幼儿的生活用品。

玩法提示：

1. 全体幼儿穿戴好各自的随身物品（如帽子、围巾等）自由站立在圆圈内，并选出一名幼儿扮演侦探。

2. 侦探在观察好同伴的服饰特征后，暂时离开圆圈区域。

3. 2—3名幼儿交换好随身物品或服饰后请侦探来纠错，说说谁少了随身物品或谁的衣服不见了等。

4. 游戏可多次进行。

观察要点： 幼儿对于同伴特征的观察情况，能否找出有变化的幼儿。

图51

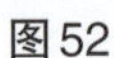

图52

图53

图54

游戏名称： **分辨声音**

所需材料： 小铃、眼罩。

玩法提示：

1. 一个幼儿眼睛蒙上。请另一个幼儿在房间内的不同位置发出声音。被蒙上眼睛的幼儿猜出是谁的声音，猜猜声音从哪些方向传来，用方位词说出来。

2. 幼儿蒙上眼睛听小铃敲击的声音，说出小铃的方向和敲了几声。

观察要点：

1. 观察幼儿能否根据声音猜出是谁的声音。

2. 观察幼儿能否通过声音来判断数量。

安全贴士：确保游戏空间没有任何障碍物，以免撞倒。

图55

图56

图57

图58

游戏名称：你做我猜

所需材料：生活中常见物品（书包、杯子、足球、椅子等）的图片。

玩法提示：

1. 全体幼儿坐在椅子上，并选出一名幼儿看图做动作（把图片上的物品用动作表现出来），其余幼儿来猜测他呈现的物品名称。

2. 在猜测的过程中，做动作的幼儿不能说出物品的名称。

3. 猜对的幼儿可与之前表演的幼儿交换位置，成为下一轮游戏的表演者。

观察要点：

1. 观察幼儿能否根据图片信息，尝试用肢体动作描述物体的主要特征。

2. 观察幼儿的规则意识，体验和同伴集体游戏的快乐。

安全贴士：幼儿在全部猜对图片上的物品后，可让幼儿自由发挥，物品可由表演者自己决定。

图59

图60

图61

图62

游戏名称：接着往下排

所需材料：四色牌1—10。

玩法提示：两人游戏，每人手持相等数量的牌，先商定规则，如从小到大排、从大到小排、单数排、双数排等，一人先抽取一张牌，两人依次往下排，排错的人不得牌，谁的牌多为胜。

观察要点：幼儿对数量大小的理解。

图63

图64

游戏名称：瓷砖设计师

图65

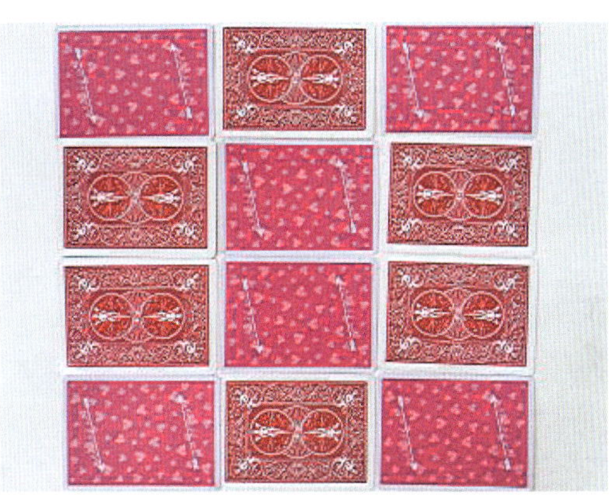

图66

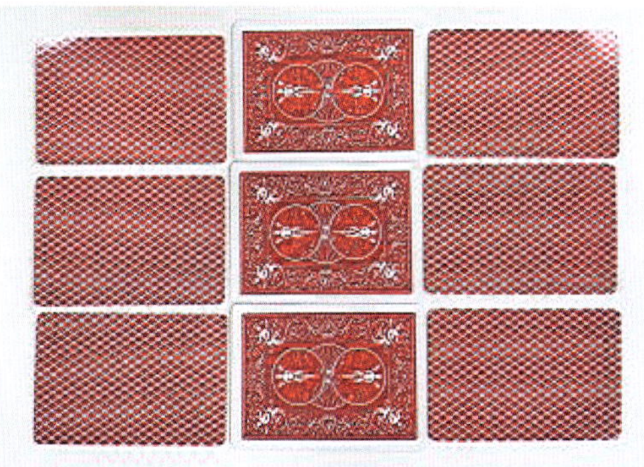

图67

图68

所需材料：背面不同花色的扑克牌若干。

玩法提示：

1. 观察瓷砖的规律，试一试接着贴一贴。
2. 幼儿自己设计瓷砖，说说用了什么规律。

观察要点：幼儿对规律的理解，能否创造性地贴瓷砖。

游戏名称：抽乌龟

所需材料：1—10的红桃和黑桃牌，共20张。

玩法提示：抽出一张放在旁边，不能看，此牌即为乌龟。幼儿轮流取牌。牌全部取完后，轮流从对方手中抽一张牌，数一数抽到的牌是几点，从自己的牌中找出同点数的牌进行配对，并取出放在桌上。若找不到配对的牌，则吃进。最后谁手中的牌先配对完为赢。输者手中剩下的牌则是与乌龟配对的牌。

图69

观察要点：幼儿能否遵守游戏规则并进行正确配对。

游戏名称：凑数

所需材料：红桃、黑桃1—9数字。

玩法提示：两人游戏，每人手持一种花色1—9的牌，商议确定一个数字如8，两人轮流出牌，凑成8，比一比谁凑得又快又对。

观察要点：幼儿对组成的理解和推理能力。

图70

二、亲子逻辑思维小游戏

（一）小班幼儿亲子逻辑思维小游戏

游戏名称：速记九宫格（考察小朋友的记忆能力）

所需材料：地面上的九宫格、几种不同颜色的圆形塑料垫。

纸上画上九宫格+几种不同颜色的圆形纸片。

玩法提示：

第一步，在九宫格里随机放上圆形的塑料垫，数量和颜色都由少增多，难度就逐步升级；

第二步，给小朋友一段记忆的时间，然后把塑料垫收起来；

第三步，让小朋友去还原之前摆放的形状，要求位置和颜色都要一致。

贴士：游戏从易到难，初次游戏时可引导幼儿先观察再尝试游戏。

图71

图72

图73

图74

游戏名称：记忆叠塔

所需材料：彩色积木、遮挡板。

玩法提示：家长和孩子每人红、黄、蓝积木各一枚，家长上下叠放（用遮挡板遮挡叠放过程）后由孩子观察3秒，然后准确复原，若复原准确由孩子出题，家长叠放。通过积木颜色数量的增加和叠放顺序的变化来提升游戏的难度（锻炼孩子颜色和空间记忆力）。

图75

图76

图77

图78

游戏名称：空拍拍空

所需材料：4个相同的小盘子、4种不同颜色积木（每种颜色的积木各4个）。

玩法提示：

幼儿与家长根据盘子情况和盘子里的积木做相应动作。

- 空盘子代表“空”。
- 每种积木可以由家长与孩子共同商量做出相应动作。例：红色——“拍桌子”、黄色——“击掌”、蓝色——“亲亲”、绿色——“握手”。

贴士：

1. 先从单种积木开始熟悉游戏玩法，多次游戏后可以再慢慢增加积木种类。

2. 可根据幼儿兴趣更换积木所对应的动作。

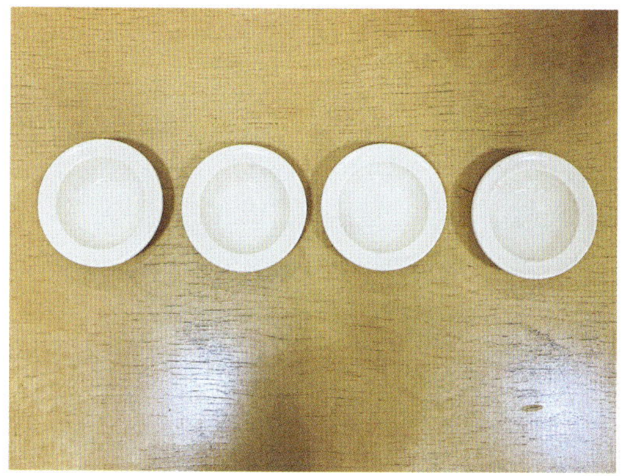

图79

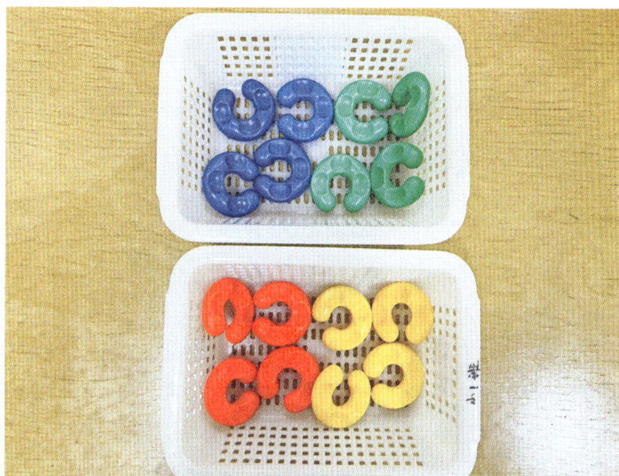

图80

图81

图82

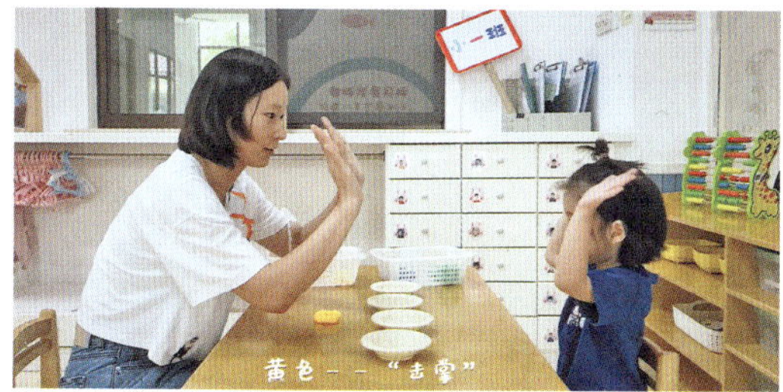

图83

图84

图85

游戏名称：积木翻翻乐

所需材料：8种颜色的积木各1对，16个一次性杯子。

玩法提示：

1. 把16块积木无规则摆放在桌子上面，给幼儿一定时间观察并记忆两个相同颜色积木的摆放位置。

2. 然后家长用纸杯将积木盖住，幼儿凭借记忆翻出两块颜色相同的积木，使其成对，若未翻出颜色相同的积木，则盖上杯子继续翻，从而锻炼幼儿的逻辑思维能力。

贴士：配对的积木可根据幼儿的游戏状况从少到多进行设置。

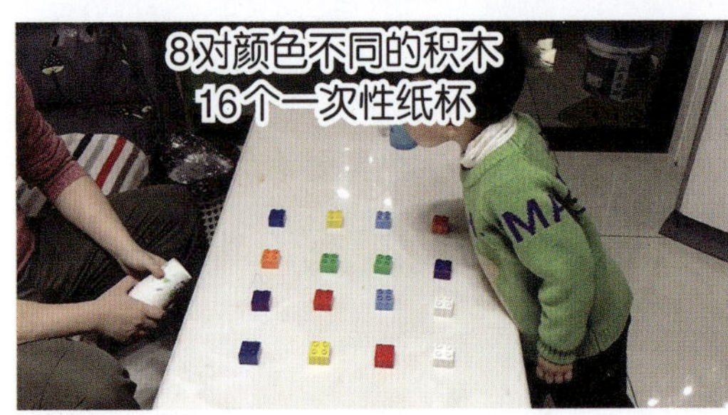

图86

图87

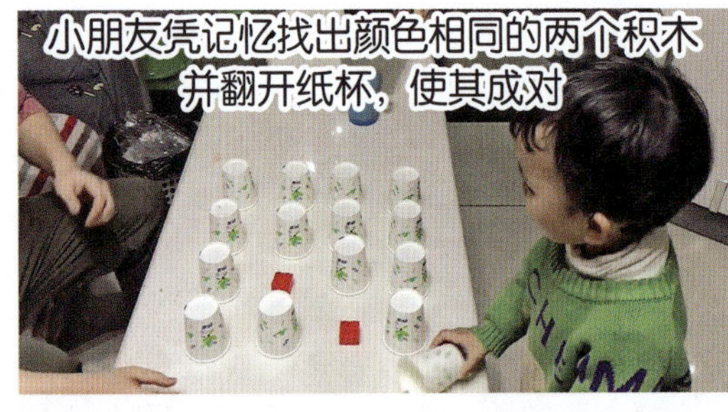

图88

图89

（二）中班幼儿亲子逻辑思维小游戏

游戏名称：手指跳房子

所需材料：若干卡片，画上几种颜色的圈圈。

玩法提示：

两种颜色卡片、食指对应红色、小指对应蓝色，把不同的卡片依次排列在桌子上、手指根据颜色对应依次点击卡片上的颜色。幼儿熟悉游戏后，可适当加快速度，或者播放幼儿喜欢的音乐，让幼儿跟着节奏点击颜色。

贴士：

1. 小朋友自己排列颜色卡片进行挑战。

2. 可以播放宝宝喜欢的音乐，跟着音乐的节奏点击颜色。

3. 放两列颜色卡，左手对应左列颜色卡，右手对应右列颜色卡，左右手同时或交替点击颜色卡。

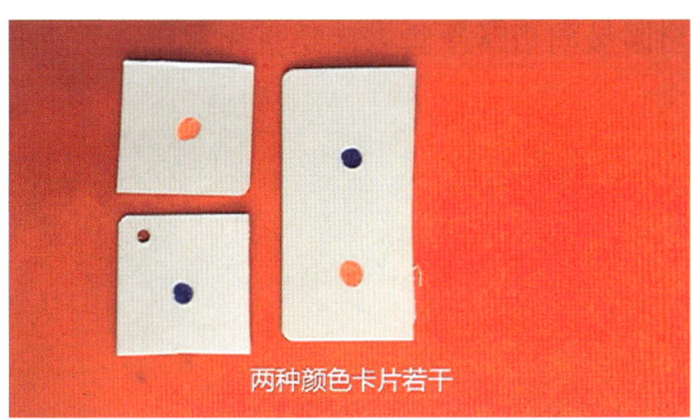

图90

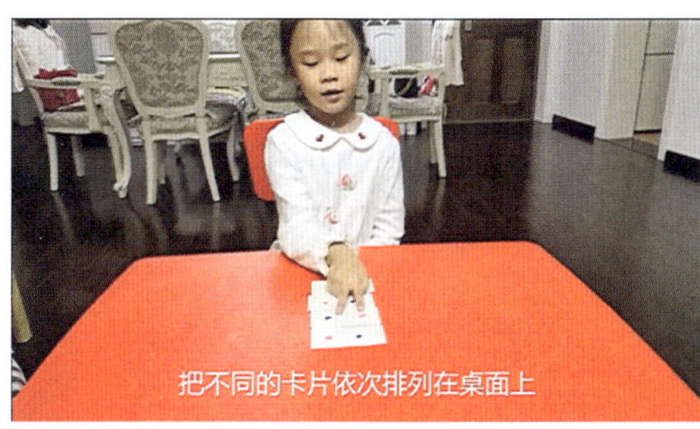

图91

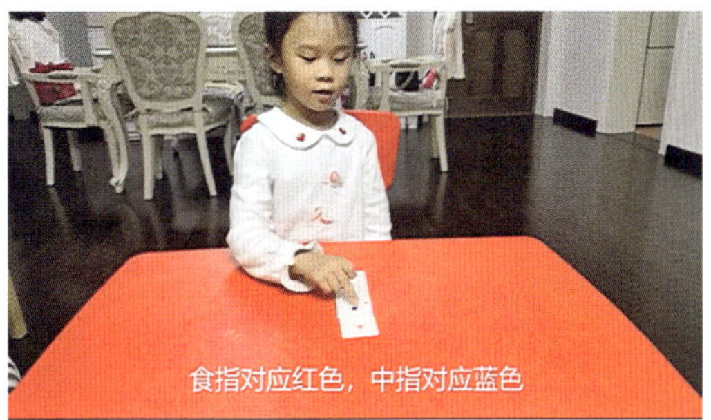

图92

游戏名称：图形搭建

所需材料：不同颜色的卡纸或A4纸裁剪成小的方形，彩色笔（彩色木棒）。

玩法提示：

1. 家长在纸张上用不同颜色的小方形组成各种图形，幼儿用彩色笔或者彩色木棒按照图片上的图形和颜色进行搭建。

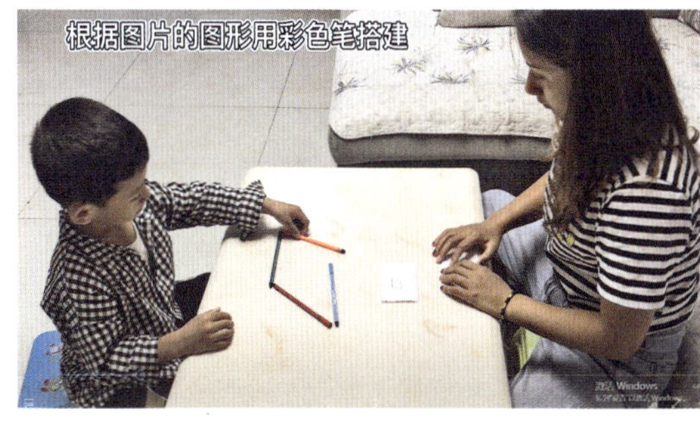

图93

图94

2. 可以依次增加图形的难度，锻炼幼儿观察力，提高幼儿的颜色、图形认知水平。

图95

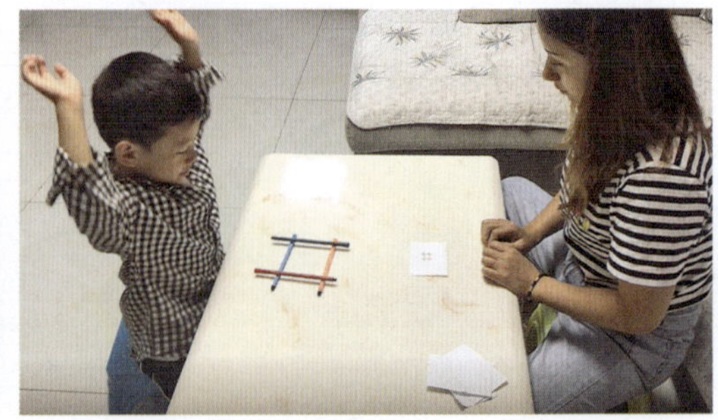
图96

游戏名称：小熊排排队

所需材料：一张卡纸、记号笔、若干彩色小熊（积木块、彩色纸片）。

玩法提示：

1. 先在卡纸上画上同样大小的方格8—10个，家长按照红、黄、红、黄……规律依次摆放彩色小熊（积木块、彩色纸片），最后2—3个方格不摆放，让幼儿观察前面的摆

图97

图98

图99

图100

放规律，将空缺的方格摆放上正确的彩色小熊。

2. 可根据幼儿的情况，酌情增加游戏难度（如增加彩色小熊的数量；增加方格的数量；跳着空出几个方格，由幼儿进行摆放）。

3. 可设置由简到难的关卡方式，看看幼儿可以闯到第几关。

游戏名称：找宝藏

所需材料：宝宝的毛绒玩具。

玩法一：

宝宝蒙住眼睛，待在原地数10下，爸爸或妈妈把玩具藏起来，宝宝根据爸爸或妈妈所给的语言线索进行寻找，如：宝藏藏在客厅电视柜的第一排第二个抽屉里。

玩法二：

爸爸或妈妈把玩具藏起来，是什么玩具先不说出来，形容一下是怎样的玩具藏在哪里。宝宝根据语言线索进行寻找，如这个宝藏是红色毛茸茸的，它藏在大衣柜的中间抽屉里。

贴士：

1. 爸爸妈妈通过语言提示，让孩子在游戏的过程中发展空间思维能力。

2. 可以让宝宝来选一个熟悉的玩具进行游戏。

3. 玩法以及语言提示可以根据孩子的情况进行调整，如线索中的方位词、数词、颜色词等运用。

图101

图102

图103

（三）大班幼儿亲子逻辑思维小游戏

游戏名称：我记住啦

所需材料：若干张单面识字或识图卡片。

玩法提示：

1. 把卡片整齐排列。
2. 识读卡片上的内容，用一至两分钟时间记住卡片上内容和位置。
3. 把卡片翻面。
4. 根据记忆指认卡片，念出卡片内容，正确的卡片归自己所有。
5. 待全部指认完毕后，统计所赢得卡片数量论输赢。

图104

图105

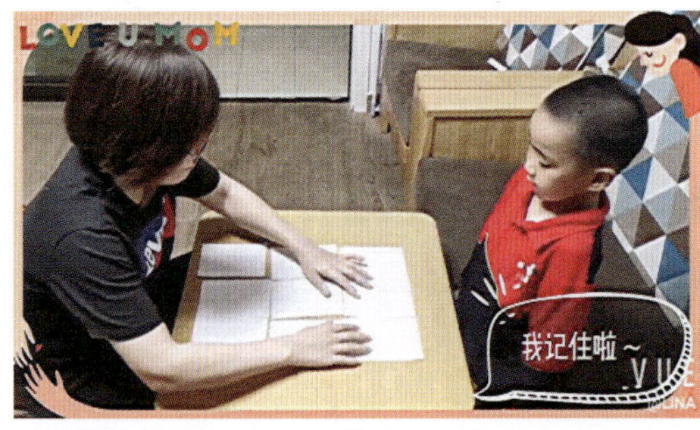

图106

图107

游戏名称：节奏大师

所需材料：盘子若干，橘子若干，盒装牛奶若干（橘子和牛奶可任意更换）。

玩法提示：

1. 初级版：家长与孩子面对面坐，盘子置于两者之间。家长做一段，孩子跟做一段。（遇到盘子是空的用手指一下，有橘子为拍手，有包装盒为拍打地面）。由单一到复杂，由家长带领，孩子要注意观察，跟随音乐，模仿家长的动作。

2. 进阶版：在初级版的基础上，由孩子来做主导，由孩子做一段，家长跟做一段。进阶版对孩子的节奏和反应力提出了更高的要求，带做加放置物品的双重考验，还要配合好音乐的鼓点，能够很好地锻炼孩子的反应力和节奏感。

图108

图109

图110

游戏名称：推箱子（积木）游戏

所需材料：准备一张十二宫格纸，四种不同颜色的积木各三粒。

玩法提示：将积木随意摆在十二宫位置上，拿走其中一粒积木，让小朋友通过移动积木，使同样颜色的积木排成一列。注意不能跳格，也不能直接互换位置。（刚开始可以从最简单的九宫格、三种颜色积木开始玩。）

图111

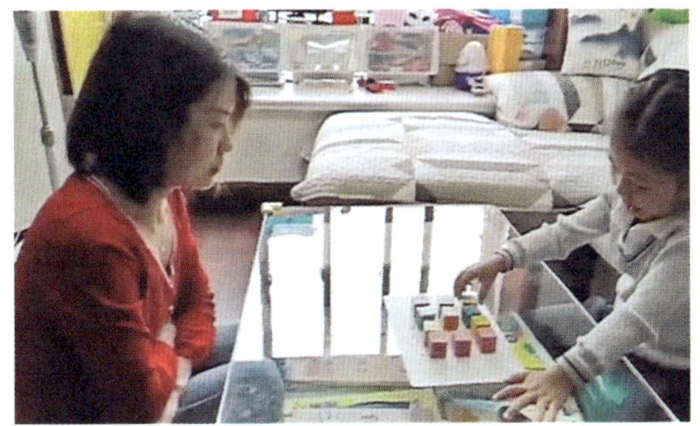

图112

游戏名称：动物对对碰

所需材料：动物卡片。

玩法提示：

1. 一人翻一张卡片，找出两张卡片中相同的动物，最先找到的人赢。

2. 数一数，谁的卡片最多谁就赢。

图113

图114

图115

参考文献

1. 刘彤，翟洪娥.亲历美国幼儿教育（之十一）利用棋盘游戏培养幼儿逻辑数学思维能力［J］.早期教育，2005（09）：20-22.
2. 陈琳.浅谈幼儿数学教学中逻辑思维的培养［J］.宿州教育学院学报，2013，16（01）：175-176.
3. 雷晓玲.学前儿童逻辑思维能力培养之浅见［J］.四川职业技术学院学报，2014，24（03）：119-122.
4. 钱琳.走进幼儿数学教育关注幼儿逻辑思维培养［J］.科普童话，2015（25）：11.
5. 吴迪，王利.幼儿数形结合的逻辑思维培养与教学研究［J］.全国商情（理论研究），2012（21）：74-75.
6. 王丛岩.在蒙氏教育中发展幼儿数学逻辑思维能力［J］.现代教育科学，2006（04）：68-69.
7. 陈琳.浅谈幼儿数学教学中逻辑思维的培养［J］.宿州教育学院学报，2013，16（01）：175-176.
8. 韦永慧.运用日常生活情境开展活动刺激幼儿数思维［D］.上海：华东师范大学，2006.
9. 李楠.语言活动中幼儿逻辑思维能力的培养［J］.学前教育，2016（06）：56-57.
10. 上海市教育委员会.上海市学前教育课程指南［M］.上海：上海教育出版社，2004.
11. 中华人民共和国教育部.3—6岁儿童学习与发展指南［M］.北京：首都师范大学出版社，2012.
12. 李季湄，冯晓霞.3—6岁儿童学习与发展指南解读［M］.北京：人民教育出版社，2013.
13. 陈青.快乐学数，智慧玩数："幼儿思维数学"游戏［M］.上海：复旦大学出版社，2017.
14. 中华人民共和国教育部.3—6岁儿童学习与发展指南［M］.北京：首都师范大学出版社，2012.
15. 丛伟哲.如何培养幼儿的数学逻辑思维能力［J］.课程教育研究，2014.3.
16. 薛丽花.绘本在数学教学中的有效运用［J］.上海教育科研，2015.8.
17. 汪馥郁.迈向智慧之路："幼儿逻辑思维能力培养"［M］.北京：北京理工大学出版社，2015.
18. 杨家，周一斌.思维导图对大班幼儿叙事能力的影响研究［J］.教育导刊，2016（04）：132-133.
19. 中华人民共和国教育部.幼儿园教育指导纲要［M］.北京：北京师范大学出版社，2001.11.
20. 王振宇.儿童心理发展理论［M］.上海：华东师范大学出版社，2000.
21. 赵爽.奥尔夫音乐教学法对学龄前儿童思维开发之研究［D］.济南：山东大学，2014.
22. 尼尔·本内特.通过游戏来教：教师观念与课堂实践［M］.北京：北京师范大学出版社，2010.
23. 南京康轩幼教研究中心.逻辑高：逻辑思维课程教师用书［M］.合肥：安徽音像出版社，2011.
24. 张明红.学前儿童社会学习与发展核心经验［M］.南京：南京师范大学出版社，2018.